À toi! 1A

Klassenarbeitstrainer

Lösungen

Cornelsen

La rentrée

1. **Léonie:** Coucou Maëlle! Ça va?
   Maëlle: Salut Léonie. Ça va, et toi?
   Léonie: Ça va. Tu es en cinquième B?
   Maëlle: Non, je suis en cinquième A. Et toi, Léonie?
   Léonie: Moi, je suis en cinquième B. Salut!
   Maëlle: Salut!

2. **Jules:** Bonjour, tu t'appelles comment?
   Paul: Je m'appelle Paul. Et toi?
   Jules: Moi, c'est Jules. Tu es en sixième A?
   Paul: Oui, et toi?
   Jules: Je suis en sixième A aussi*.
   Paul: Super!

3. **Lucas:** Ah, salut Léonie! Ça va?
   Léonie: Super, et toi?
   Lucas: Bof, c'est la rentrée ... Et je suis dans la classe de Madame Dumoncel!
   Léonie: Oh! Moi, je suis dans la classe de Monsieur Ferry.
   Lucas: C'est qui? Le prof de français?
   Léonie: Oui, le prof de français. Il est super!
   Théo: Bonjour! Je suis Théo, le frère de Lucas. Je suis en sixième.
   Lucas: Oh, Théo!
   Léonie: Bonjour Théo!

* **aussi** auch

1 Dialogue 1: b – Dialogue 2: a – Dialogue 3: c

2

	Vrai	Faux
1. Maëlle est en cinquième A.	X	
2. Léonie est en cinquième A.		X
3. Jules est en cinquième.		X
4. Paul est en sixième A.	X	
5. Léonie est dans la classe de Madame Dumoncel.		X
6. Monsieur Ferry est le prof de français.	X	
7. Théo est l'ami de Lucas.		X

COMPRÉHENSION DE L'ÉCRIT | Leseverstehen

3 1. Il est dans la classe de Monsieur Valentin. C'est qui? **Grégoire**.
2. Il est en cinquième B. C'est qui? **Thomas**.
3. C'est le frère de Grégoire. C'est qui? **David**.
4. C'est le prof de français. C'est qui? **Monsieur Valentin**.

4

1. Grégoire est:
   a ☐ en cinquième A.
   b ☐ en cinquième B.
   c ☒ en cinquième C.

2. La classe de Grégoire, c'est:

a ☐   b ☐   c ☒

3. Thomas est:
   a ☐ le frère de Grégoire.
   b ☒ l'ami de Grégoire.
   c ☐ le surveillant.

4. David est:
   a ☒ en sixième C.
   b ☐ en cinquième B.
   c ☐ en cinquième C.

5. Le collège de Grégoire, c'est:
   a ☐ le collège Jean Lyon.
   b ☒ le collège Jean Rostand.
   c ☐ le collège Victor Hugo.

VOCABULAIRE | Wortschatz

5

le collège

le surveillant

les élèves

la prof

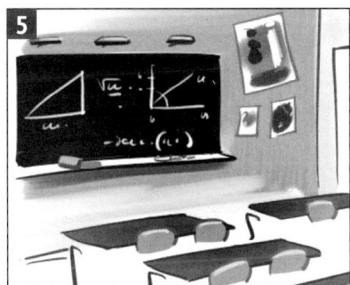

la classe

la cour

6

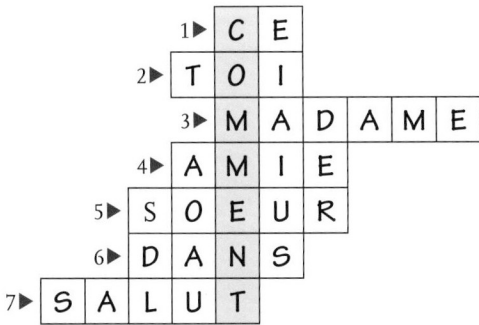

```
1▶ C E
2▶ T O I
  3▶ M A D A M E
 4▶ A M I E
5▶ S O E U R
6▶ D A N S
7▶ S A L U T
```

Le mot solution est **comment** (= **wie**).

7 Thomas, Julie et Pauline **sont** dans la cour.

Thomas: Salut! Tu **es** en cinquième?

Julie: Oui, je **suis** en cinquième C. Et vous? Vous **êtes** aussi en cinquième?

Pauline: Oui, nous **sommes** en cinquième B, dans la classe de Monsieur Ferry. C'**est** le prof de français.

Julie: Il **est** cool?

Pauline: Oui. Ah, voilà Maëlle et Léonie!

Thomas: Ce **sont** les amies de Pauline.

8 1. **Madame Dupas:** Bonjour, Paul. *Ça va?*

    Paul: Oui, ça va.

  2. **Madame Dupas:** Bonjour. **Tu t'appelles comment?**

    Jules: Je m'appelle Jules.

  3. **Madame Dupas:** Tu *es dans la classe de Paul?*

    Jules: Oui, je suis dans la classe de Paul. Voilà la photo de la classe.

  4. **Madame Dupas:** Ah! Et *c'est qui?*

    Paul: C'est Monsieur Valentin, le prof de français.

  5. **Madame Dupas:** Et *vous êtes dans la cour?*

    Paul: Oui, nous sommes dans la cour.

9 Salut les filles!

Maintenant, **je** suis en cinquième B, c'est la classe de Monsieur Ferry. **Il** est professeur de français. Pauline? **Elle** est en cinquième B aussi! Dans la classe, **nous** sommes 19 garçons (**ils** sont super) et 13 filles (**elles** sont super aussi).

Vous êtes encore dans le collège Victor Hugo? Samantha, **tu** es dans la classe de David, le frère de Grégoire?

Salut!

Léonie

10 **Jérémy:** Ce sont les frères ou les amis de Léonie?

Pauline: Là, c'est **le frère** de Léonie et là,
c'est Lucas, **l'ami** de Léonie.

Jérémy: Ce sont les professeurs ou les surveillantes ?

Pauline: Là, c'est Monsieur Valentin, **le prof(esseur)** de français,
et là, c'est Magalie, **la surveillante**.

Jérémy: Ce sont les cinquièmes ou les sixièmes ?

Pauline: Là, c'est **la cinquième** B et là, c'est **la sixième** B.

MÉDIATION | Sprachmittlung

11
1. Er geht in die 7B (cinquième B).
2. In dieser Klasse sind 32 Schüler.
3. Er heißt Herr Ferry.
4. Drei Mädchen machen Tanz.
5. Die Klasse organisiert ein Theaterstück. Die Vorstellung wird am 15. April sein.
6. Das ist Frau Dumoncel. Sie unterrichtet Mathe.
7. Sie unterrichtet Chemie.
8. Die Klasse hat Sport bei einer Lehrerin.

VERSION | Übersetzung

12
1. Es ist Schulanfang.
2. Die Schüler und die Aufsichtspersonen sind im Schulhof.
3. Léonie: Bist du Jules?
4. Jules: Ja. Und wie heißt du?
5. Léonie: Ich heiße Léonie. Und wer ist der Junge?
6. Jules: Das ist Grégoire, der Freund von Thomas.

PRODUCTION ÉCRITE | Schriftliche Produktion

13
1. Je m'appelle Lisa. Je suis en sixième A / 6A.
2. Voilà le collège Maria Stern à Immenstadt.
3. Ce sont les professeurs dans la cour.
4. Dans la classe, nous sommes 12 filles.
5. Voilà Laura et Sara. Elles sont en cinquième B / en 7B.
6. Daniela est la sœur de Sara. Et Sara, c'est l'amie de Laura.

Les interviews de Thomas

Thomas: Salut Lucas! Tu habites où?
Lucas: J'habite 7, avenue de l'Europe.
Thomas: Qu'est-ce qu'il y a dans le quartier?
Lucas: Il y a un roller parc avec un mur peint, une boulangerie, une librairie et un supermarché.
Thomas: Tu rentres à pied après le collège?
Lucas: Oui. Léonie habite à côté, 10, avenue de l'Europe. Alors, on rentre à pied ensemble. Et on passe par la boulangerie.
Thomas: Merci.

Thomas: Pauline, tu habites où?
Pauline: 2, rue du Parc.
Thomas: Qu'est-ce qu'il y a dans le quartier?
Pauline: Euh ... je ne sais pas, je suis nouvelle dans le quartier ... il y a des tours et un parc! Euh ...
Thomas: Okay, merci.

Thomas: Grégoire, tu habites où?
Grégoire: 5, rue Gustave Eiffel.
Thomas: Qu'est-ce qu'il y a dans le quartier?
Grégoire: Il y a une boulangerie, une librairie, un hôtel et même un stade.
Thomas: Alors, il y a un club de foot?
Grégoire: Oui, il est super. Je suis dans le club avec mon frère, David.
Thomas: Merci.

1   1. Pauline $\boxed{b}$ $\boxed{f}$ – 2. Grégoire $\boxed{c}$ $\boxed{e}$ – 3. Lucas $\boxed{a}$ $\boxed{d}$

2   1. Léonie habite:

   a ☐ 6, avenue de l'Europe.   **b** ☐ 8, avenue de l'Europe.   **c** ☒ 10, avenue de l'Europe.

2. Léonie et Lucas rentrent:

3. Après le collège, Lucas passe par:

4. Ils sont dans un club de foot, ce sont:

   a ☐ Lucas et un ami.   **b** ☐ Lucas et son frère.   **c** ☐ Grégoire et un ami.

   d ☒ Grégoire et son frère.

▪ COMPRÉHENSION DE L'ÉCRIT | Leseverstehen

3

	Il habite où? (adresse)	Qu'est-ce qu'il y a dans son quartier?
Alexandre	**rue des Arts**	**un supermarché, une librairie, un cybercafé, une médiathèque, un cinéma, un stade**
Jérémy	**avenue Gustave Eiffel**	**un cinéma, une librairie**

4

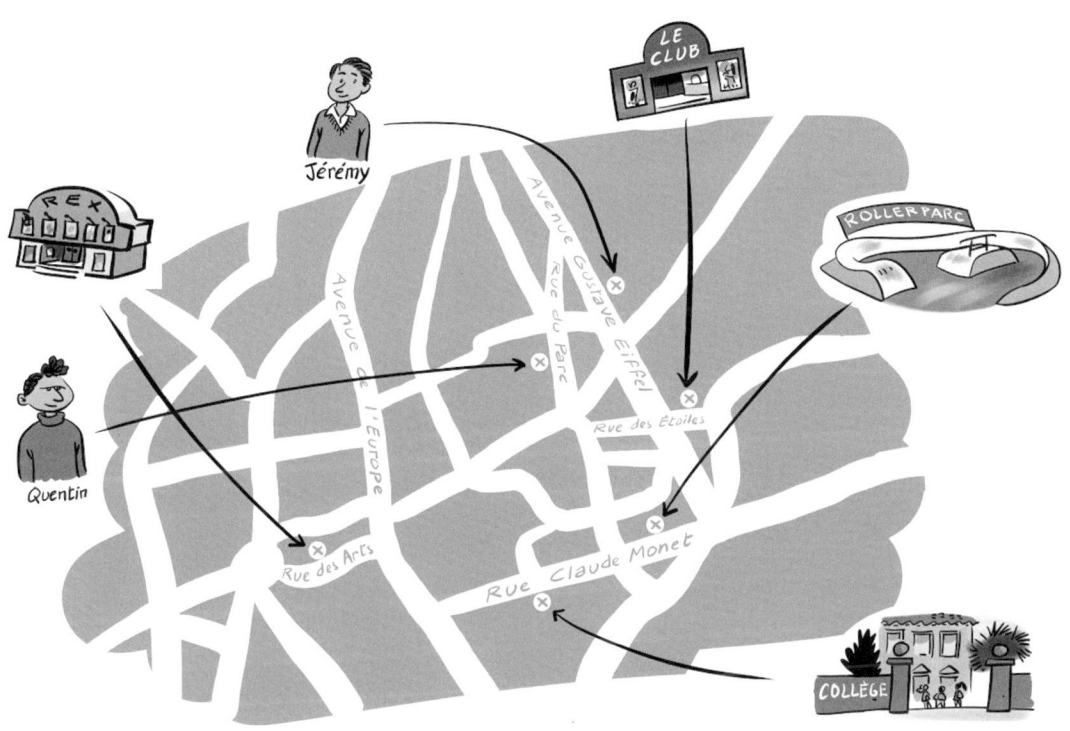

▪ VOCABULAIRE | Wortschatz

5   **Paul:** Regarde, Jules, c'est Maëlle. Elle est **nouvelle**.

        Jules: Elle est d'où?

        Paul: Elle est **de** Marseille. Elle habite rue Georges Pompidou.

        Jules: C'est la rue **avec** le cinéma?

        Paul: Oui. Il y a **aussi** une médiathèque **et** une boulangerie.

        Jules: Moi, je rentre.

        Paul: Je rentre avec **toi**. On passe **par** la médiathèque?

        Jules: Bien sûr!

6   1. Paris – <u>Eiffel</u> – Marseille – Levallois

        2. le bus – le métro – le navigo – <u>le mur</u>

        3. le cinéma – <u>la tour</u> – la médiathèque – le cybercafé

        4. <u>après</u> – sur – près de – à côté

        5. le club – le foot – le stade – <u>l'hôtel</u>

7   1. la **b**ou**l**angerie + la **l**ibrairie + le **pa**r**c** + le su**perm**ar**ché** ➜ le quartier

2. le **g**ar**ç**on + la **fill**e + l'a**mi** + l'a**mie** ➜ les amis

3. la c**our** + le **pr**of + l'**é**l**è**ve + le s**urveillant** ➜ le collège

■ GRAMMAIRE | Grammatik

8   Dans le quartier de Maëlle, il y a **une** médiathèque, **une** boulangerie et **un** cinéma. Il y a aussi **des** tours et **un** roller parc. **Le** roller parc est entre **les** tours. **Le** cinéma est près de **la** boulangerie. Il y a aussi **un** stade, c'est **le** stade «Jean Jaurès».

9   Lucas et Léonie **rentrent** à pied.

Lucas: On **passe** par la boulangerie?

Léonie: Oui.

Après la boulangerie ...

Léonie et Lucas **sont** dans le parc.

Léonie: Hm! C'**est** bon!

Lucas: Regarde, voilà Maëlle.

Léonie: Salut Maëlle!

Maëlle: Salut!

Lucas: Tu **rentres**?

Maëlle: Non, je **cherche** une librairie dans le quartier.

Lucas: Il y a une librairie près de la boulangerie.

Maëlle: Super. Vous **habitez** où?

Léonie: Nous **habitons** avenue de l'Europe. Nous **sommes** toujours dans le parc après le collège. Et toi?

Maëlle: Moi, j'**habite** rue Georges Pompidou. Salut!

Léonie et Lucas: Salut!

10   1. *Tu t'appelles comment?*

2. *Tu es de Lyon?*

3. *Qu'est-ce qu'il y a dans ta rue?*

4. *Il y a aussi une librairie? / Il y a une librairie aussi?*

5. *C'est où?*

6. *Qu'est-ce que tu cherches?*

■ MÉDIATION | Sprachmittlung

11   1. Du: *Voilà Paul.*

2. Du: *Das ist Léonie. Sie möchte wissen, wie du heißt.*

3. Du: *C'est Luisa, l'amie de Paul. Ils habitent à côté. Paul habite entre la librairie et le cybercafé.*

4. Du: *Dans le quartier (de Paul), il y a aussi un cinéma et même un roller parc.*

5. Du: *Gehen wir zusammen nach Hause?*

6. Du: *Bien sûr. Et on passe par la médiathèque?*

VERSION | Übersetzung

12
1. Nach der Schule gehen Paul und Jules zusammen zu Fuß nach Hause.
2. Was gibt es in dem Viertel von Paul und Jules?
3. Es gibt eine bemalte Wand, ein Internetcafé, Hotels und die Bäckerei „Au bon croissant".
4. Paul wohnt nebenan.
5. Die Croissants sind lecker!

PRODUCTION ÉCRITE | Schriftliche Produktion

13
1. Bonjour, Lucas. Ça va?
2. J'habite 8, rue Schiller à Kempten. Kempten est près de Munich.
3. Regarde la photo. / Voilà une photo.
4. Dans le quartier, il y a des tours, un cybercafé, un supermarché, une librairie et un roller parc.
5. La fille dans le roller parc est une amie.
6. Tu habites où? Qu'est-ce qu'il y a dans le quartier?
7. Salut. Philipp

4

Au camping de Sisteron

Pauline: Salut!

Julian: Salut. Tu t'appelles comment?

Pauline: Pauline. Et toi?

Julian: Je m'appelle Julian. Je suis de Berlin.

Pauline: Tu parles bien français. Moi, je suis de Lyon.

Julian: Tu parles allemand?

Pauline: Non. Tu as quel âge?

Julian: 13 ans. Et toi?

Pauline: Moi, j'ai douze ans. Et voilà mon chien!

Julian: Il s'appelle comment?

Pauline: Texar.

Julian: Bonjour Texar!

Pauline: Et toi, tu as des animaux?

Julian: Euh … oui. Moi aussi, j'ai un chien et un chat. Et mon père a une perruche.

Pauline: Ton père?

Julian: Oui, j'habite avec ma mère et mon frère. Mon père habite à Bonn avec sa copine.

Pauline: Tu es à Sisteron avec ta mère?

Julian: Non, avec mes grands-parents. Et toi?

Pauline: Avec ma tante et ma cousine. Ma tante parle bien allemand.

La grand-mère de Julian: Julian, komm! Wir essen jetzt.

Julian: C'est ma grand-mère. Ich muss jetzt gehen. Alors, salut! À plus!

Pauline: À plus!

1

2 1. Pauline est à Sisteron avec:

2. Julian habite avec:

3. Julian a:
   a [X] un chien et un chat.   **b** ☐ un chien, un chat et une perruche.   **c** ☐ un chat et deux cochons d'Inde.

4. Le père de Julian a:
   a ☐ un chat.   **b** [X] une perruche.   **c** ☐ un chien.

5. Elle parle bien allemand, c'est:
   a ☐ Pauline.   **b** ☐ La grand-mère de Pauline.   **c** [X] La tante de Pauline.

■ COMPRÉHENSION DE L'ÉCRIT | Leseverstehen

3
1. Théo habite à ~~Lille~~. **Lyon**
2. Théo est en ~~cinquième~~. **sixième**
3. La mère de Théo travaille dans ~~un cybercafé~~. **une médiathèque**
4. Théo a ~~un chat et un cochon d'Inde~~. **une perruche et un chien**
5. Dans sa rue, il y a ~~une boulangerie~~. **un club de foot**
6. Jonathan a ~~douze~~ ans. **trois**

4
1. Il s'appelle Lucas. C'est **le frère** de Théo.
2. Elle parle bien allemand. C'est **la mère** de Théo.
3. Il est prof de sport. C'est **le père** de Théo.
4. Ils sont sympa. Ce sont **les animaux / le chien et la perruche** de Théo.
5. Il cherche un correspondant. C'est **Théo**.

■ VOCABULAIRE | Wortschatz

5
1. Henri et Yvette sont les **grands-parents** de Florian et Lucie.
2. Yvette est la **grand-mère** de Florian et Lucie.
3. Yves est le **père** de Florian et Lucie.
4. Florian et Lucie sont les **enfants** d'Yves et Annie.
5. Lucie est la **sœur** de Florian.
6. Et Florian, c'est le **fils** d'Yves et Annie.

6

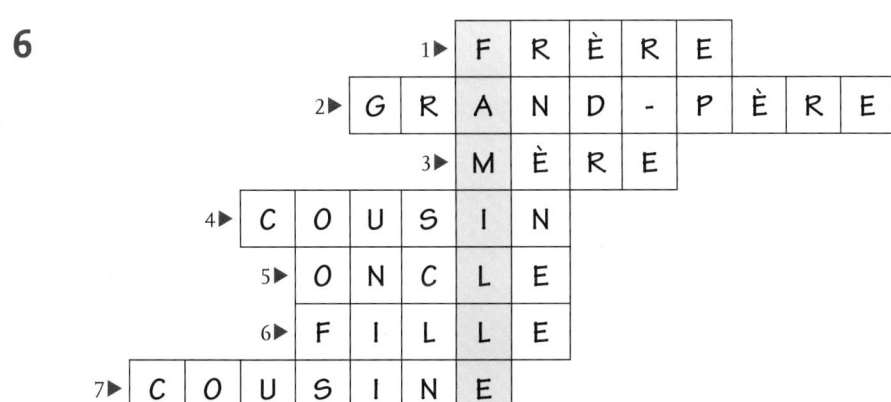

Le mot solution est **famille** (= Familie).

7
   1. trois + cinq = **huit**
   2. neuf + dix = **dix-neuf**
   3. neuf + deux = **onze**
   4. dix + quatre = **quatorze**
   5. dix + dix = **vingt**
   6. neuf + six = **quinze**
   7. neuf + sept = **seize**

▬ GRAMMAIRE | Grammatik

8
Lucas: Salut! Ta famille et toi, vous **êtes** de Lyon?
Maëlle: Non, nous **sommes** de Marseille mais nous **habitons** à Lyon.
Lucas: Tu **as** des frères et sœurs?
Maëlle: Oui, j'**ai** un frère. Il **a** onze ans.
Lucas: Tes parents **ont** quel âge?
Maëlle: 45 ans.
Lucas: Vous **avez** des animaux?
Maëlle: Oui. Nous **avons** un chien et deux perruches. Mais le chien, c'**est** le chien de mon frère.
Lucas: Tes copains et tes copines, ce **sont** qui?
Maëlle: Sandra et Alexandre. Ils **sont** super sympa.
Lucas: Tu **parles** allemand?
Maëlle: Oui, je **parle** un peu allemand.

9
   1. Voilà **ma** famille: **mon** père, **ma** mère, **ma** sœur et **mes** frères. Moi, je suis avec **mes** perruches.
      Regarde mon frère Luc: il est avec **son** chat.
   2. Voilà **mon** amie Sandra.
   3. Et toi, **tes** frères et sœurs s'appellent comment?
   4. **Ta** mère et **ton** père ont quel âge?
   5. **Tes** copains s'appellent comment?

▬ MÉDIATION | Sprachmittlung

10
Il s'appelle Jörn Schlönvoigt. Dans GZSZ, il s'appelle Philipp Höfer.
Dans GZSZ, il est Philipp, le frère d'Emily.
Jörn a 25 ans.
Il habite à Berlin.
Jörn a une sœur, Chantal.
La copine de Jörn s'appelle Sila Sahin. Il a un chat.

Elle s'appelle Anne Menden. Dans GZSZ, elle s'appelle Emily Höfer.
Anne a 26 ans.
Elle habite à Berlin aussi.
Anne a une sœur, elle s'appelle Angela.
Anne a un chien et une perruche.

VERSION | Übersetzung

11
1. Théos Vater ist Sportlehrer.
2. Er ist in der Schule und er spricht mit seinen Schülern.
3. Wie alt sind sie?
4. Sie sind in der 7. Klasse, also sind sie 13 Jahre alt.
5. Le père de Théo: Habt ihr Fragen? Aber … Wer singt (hier)?
6. Robin: Mist! Das ist mein Wellensittich!

PRODUCTION ÉCRITE | Schriftliche Produktion

12
1. Salut Grégoire,
2. J'ai treize ans.
3. J'habite à Bonn avec ma mère et mes deux sœurs.
4. Ma grand-mère habite à côté.
5. Ma mère s'appelle Martina. Elle travaille dans une librairie.
6. Ma sœur Franziska a dix ans, ma sœur Isabell a quatorze ans.
7. Nous avons un chat et deux perruches.
8. Mes copains s'appellent Philipp et Julian.
9. Tu parles un peu allemand?
10. À plus!
    Felix

5

Elle est comment, ta chambre?

Le journaliste: Bonjour. J'ai des questions.
Théo: Bonjour!
Le journaliste: Tu t'appelles comment?
Théo: Je m'appelle Théo.
Le journaliste: Où est ta chambre chez tes parents?
Théo: Euh … elle est à côté du salon.
Le journaliste: Et qu'est-ce qu'il y a dans ta chambre?
Théo: Il y a un lit, il y a aussi un bureau, une chaise, une armoire, des étagères, des photos de mon club de foot et une console à côté de mon lit.
Le journaliste: Il y a un ordinateur aussi?
Théo: Non, l'ordinateur est dans le salon.
Le journaliste: Tu travailles dans ta chambre?
Théo: Oui, souvent.
Le journaliste: Merci*, au revoir!

Le journaliste: Bonjour. J'ai des questions.
Léonie: Bonjour.
Le journaliste: Tu t'appelles comment?
Léonie: Je m'appelle Léonie.
Le journaliste: Où est ta chambre chez tes parents?
Léonie: Elle est entre la chambre de mes parents et la salle de bains.
Le journaliste: Et qu'est-ce qu'il y a dans ta chambre?
Léonie: Mon lit, et aussi le lit de ma sœur, une armoire, deux bureaux avec deux chaises, des livres, des boîtes, un ordinateur et mon cochon d'Inde Léonardo. Ah, et aussi un miroir.
Le journaliste: Où est le miroir?
Léonie: Hm … À droite de la porte.
Le journaliste: Tu travailles dans ta chambre?
Léonie: Oui, je suis toujours dans ma chambre. Je travaille, j'écoute mon lecteur mp3, je parle avec ma sœur, je chante devant le miroir …
Le journaliste: Merci, au revoir!
Léonie: Au revoir.

* **merci** danke

1

2
   1. La chambre de Théo est à côté **du salon**.
   2. Il y a un ordinateur dans **le salon**.
   3. Théo travaille **souvent** dans sa chambre.

3

1. La chambre de Léonie est:
   - **a** ☐ à côté de la chambre de ses parents.
   - **b** ☐ entre la chambre de ses parents et la cuisine.
   - **c** ☒ entre la chambre de ses parents et la salle de bains.

2. Dans la chambre de Léonie, il y a:
   - **a** ☐ un lit.
   - **b** ☒ deux lits.

3. Léonie a deux bureaux dans sa chambre.
   - **a** ☒ Vrai.
   - **b** ☐ Faux.

4. Dans la chambre de Léonie, il y a:

   a ☐  **b** ☒  **c** ☐

5. Le miroir de Léonie est:

   a ☒ 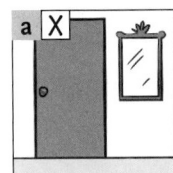 **b** ☐ 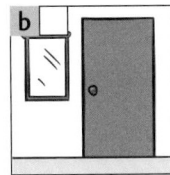 **c** ☐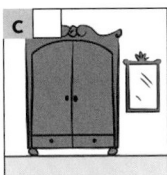

6. Dans sa chambre, Léonie:

   a ☒  **b** ☐  **c** ☐

COMPRÉHENSION DE L'ÉCRIT | Leseverstehen

4

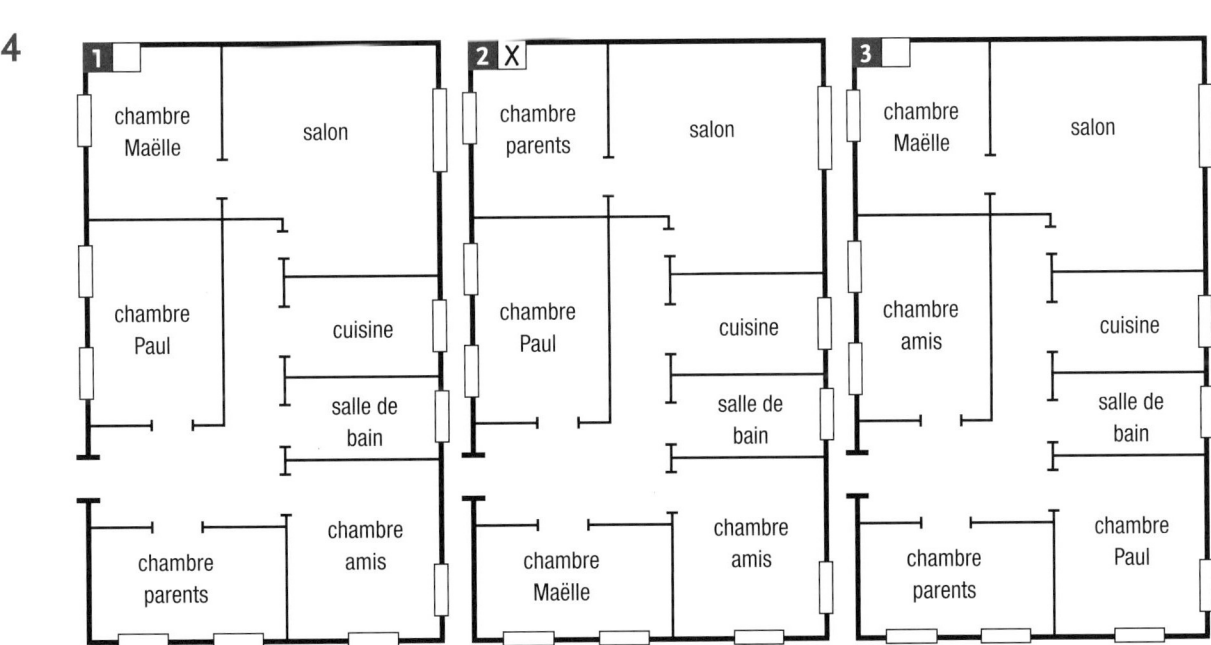

5

	Vrai	Faux
1. Paul a un ordinateur dans sa chambre.	☐	☒
«Sur le bureau, c'est mon ordinateur mais c'est aussi l'ordinateur de mon frère!»		
2. Le chien de Monsieur Dupas s'appelle Bigorre.	☐	☒
«Paul a deux consoles! Son chien Bigorre»		
3. Maëlle a des photos de Franziska et de ses copines dans sa chambre.	☒	☐
«il y a une boîte avec des photos de mes copines et même une photo de toi!»		
4. Franziska va dormir dans la chambre de Maëlle.	☐	☒
«la chambre d'amis est aussi ta chambre.»		
5. Madame Dupas lit souvent des livres.	☒	☐
«maman lit un livre, comme souvent.»		
6. La console de Paul est dans le salon.	☐	☒
«À droite de son lit, Paul a deux consoles!»		

■ VOCABULAIRE | Wortschatz

6 1. d – 2. f – 3. b – 4. c – 5. a – 6. g – 7. e

7

Francis est **devant** la porte.

Francis est **sur** l'**étagère**.

Francis est **dans** la **cuisine**.

Francis est **entre** les ordinateurs.

Francis est **derrière** l'ordinateur.

Francis est **sous** le **livre**.

8 1. une armoire + un lit + un bureau + une chaise ➜ des meubles dans une chambre
  2. la grand-mère + le grand-père + les parents + les enfants ➜ la famille
  3. la chambre + le salon + la salle de bains + le couloir ➜ l'appartement

◼ GRAMMAIRE | Grammatik

9 David: Papa, Grégoire **est** dans sa chambre?
  Le père: Non, il est chez son copain Thomas. Tu **as** une question?
  David: Oui, je **cherche** mes mangas.
  Le père: Ils **sont** sur ton bureau, comme toujours ... Grégoire et toi, vous **avez** cours à neuf heures demain?
  David: Oui.
  Le père: Et toi, tu **rentres** à cinq heures?
  David: Oui, comme toujours!
  Le père: Alors demain, nous **mangeons** à sept heures. Après, je **suis** au club de foot.
  David: Ok.
  Le père: On **regarde** un film ensemble?
  David: Oui, super! J'**ai** un film dans mon sac.

10 Chez les Fleurot, les chambres **des** garçons sont entre le salon et la cuisine.
  La chambre de Lucas est à côté **de la** chambre de Théo.
  Dans la chambre de Lucas, il y a une armoire. À côté **de** l'armoire, il y a le lit, et à côté **du** lit, il y a le lit **du** chien! À droite **de la** porte, il y a le VTT de Lucas, et à gauche **des** étagères, il y a un bureau, une chaise, des livres et, bien sûr, une console.

11 1. Maëlle: *Où est mon livre?*
    Paul: Ton livre? Il est sur le bureau.
  2. Madame Dupas: *Où sont les clés?*
    Monsieur Dupas: Les clés? Elles sont dans le salon.
  3. Maëlle: *Qui est* dans la salle de bains?
    Madame Dupas: Papa.
  4. Paul: *Qu'est-ce que maman regarde?*
    Monsieur Dupas: Maman? Elle regarde un film avec Brad Pitt.
  5. Paul: *Qu'est-ce qu'il y a sous ton lit?*
    Maëlle: Sous mon lit? Il y a une boîte avec des photos.

12 1. **Mangez**, c'est bon!
  2. Les garçons, **rangez** la chambre!
  3. Jules, **dépêche**-toi!
  4. **Regarde**, c'est Julian, mon copain de Berlin.
  5. **Regardons** le texte ensemble!

◼ MÉDIATION | Sprachmittlung

13 1. Du: *Elle est entre la porte et la salle de bains des garçons. / Elle est à côté de la porte. / Elle est à côté de la salle de bains des garçons.*
  2. Du: *Elle est entre le salon et la salle de bains des filles. / Elle est à côté du salon. / Elle est à côté de la salle de bains des filles.*

3. Du: Il est entre la cuisine et la chambre des filles. / Il est à côté de la cuisine. / Il est à côté de la chambre des filles.
4. Du: Elle est entre la salle de bains des garçons et la salle de bains des profs. / Elle est à côté de la salle de bains des garçons. / Elle est à côté de la salle de bains des profs.
5. Du: Elle est entre la chambre des filles et la salle de bains des profs. / Elle est à côté de la chambre des filles. / Elle est à côté de la salle de bains des profs.

VERSION | Übersetzung

14 1. Lucas sitzt vor seiner Spielconsole in seinem Zimmer.
2. Monsieur Fleurot: Lucas, beeil' dich. Du hast um neun Uhr Unterricht.
3. Lucas: Papa, wo ist mein Schlüssel?
4. Monsieur Fleurot: Du suchst immer deinen Schlüssel. Sieh mal in deiner Sporttasche nach.
5. Lucas: Wo ist meine Sporttasche?
6. Monsieur Fleurot: Im Flur, wie immer.
7. Théo: Lucas, schau mal. Dein Schlüssel liegt hinter der Schachtel im Regal.

PRODUCTION ÉCRITE | Schriftliche Produktion

15 1. Salut, Pauline. Ça va?
2. Voilà la photo de ma chambre.
3. J'ai une chambre avec ma sœur Camille.
4. On parle souvent ensemble sur mon/son lit.
5. Le sac est à côté / à gauche de l'armoire, le lecteur mp3 est sur le lit, le miroir est sur l'armoire / sur la porte de l'armoire, le poster est sur le mur, l'ordinateur est sur le bureau, les mangas sont sous le lit et le chat est sur le lit de Camille.
6. Qu'est-ce qu'il y a dans la boîte sous l'armoire?
7. Ce sont les photos de mes copains.
8. Qu'est-ce qu'il y a dans ta chambre?
9. À plus!

In den folgenden Musterlösungen entsprechen die fettgedruckten Wörter den Wendungen in der Vorlage. An den Musterlösungen kannst du erkennen, was dein/e Lehrer/in bezüglich Inhalt und Länge von dir erwartet.

Jeu de rôles

1 C'est qui?

A: **Salut**, Sébastien.
B: Salut! Ça va?
A: Oui, ça va. **Et toi?**
B: **Super!**
A: **La fille, c'est qui?**
B: **C'est l'amie de** Sabine.
C: Salut! Je m'appelle Anna.
A: Salut Anna! **Tu es en cinquième?**
C: **Non, je suis en** sixième. Et toi?
A: Moi, je suis en ciquième. **Je suis dans la classe de** Sébastien.

> Notiere dir nach der Korrektur Wörter, Ausdrücke oder Satz-einheiten, die dir Probleme bereitet haben. Diese kannst du dann immer vor mündlichen Leistungsmessungen wiederholen!

2 On rentre ensemble?

A: **Tu habites où?**
B: **J'habite à** Berlin, Bundesallee 6. Et tu habites où?
A: J'habite Mainzer Straße 4.
B: Ah, **c'est à côté.**
A: On rentre ensemble?
B: Oui, on rentre à pied.
A: **Je cherche** une médiathèque.
B: **Il y a** une médiathèque **dans le quartier.**
A: **Il y a aussi** un cinéma dans le quartier?
B: Oui, bien sûr, **il y a** un cinéma, une librairie et **même** un cybercafé.
A: **C'est où?**
B: Le cybercafé **est entre** le cinéma **et** la boulangerie.

3 Ma famille

A: Voilà, **c'est mon père.**
B: Il s'appelle comment?
A: Il s'appelle Viktor. **Il travaille dans** un hôtel.
B: Et ta mère?
A: Ma mère s'appelle Nathalie. Elle travaille dans une librairie.
B: Tu as des frères et des sœurs?
A: Oui, **j'ai une sœur.**
B: Elle s'appelle comment?
A: Elle s'appelle Martine. Elle parle un peu français.
B: Elle a quel âge?
A: Elle a 14 **ans.**
B: Ce sont tes grands-parents?
A: Oui, **ce sont les parents de** ma mère. Ils habitent en France.
B: Ils parlent français?
A: Oui, ils parlent bien français
B: Tu as des animaux?
A: Oui, **j'ai un chat**. Il s'appelle Felix.

4 Dans ma chambre

A: Tu habites dans une maison?
B: Non, j'habite dans un appartement. **Voilà, notre appartement.**
A: Tu as une chambre?
B: Oui, **elle est entre** le salon **et** la chambre des parents.
A: Et ton frère?
B: Nous avons une chambre ensemble.
A: Qu'est-ce qu'il y a dans ta chambre?
B: Dans ma chambre il y a un lit, un bureau et une étagère.
A: Où est l'ordinateur ?
B: L'ordinateur est **sur** le bureau.
A: Mais **où sont** les livres?
B: Les livres sont **sur** l'étagère **derrière** la porte. Mais où sont les mangas?
A: Regarde. Les mangas sont **sous** le lit.
B: Ah, il y a aussi la boîte avec les photos.
A: Où est la salle de bains?
B: Elle est **à coté de** la cuisine.

Échange d'informations

✂

Tu t'appelles comment?	Tu es en cinquième?	Il y a une librairie dans le quartier?	Où est la salle de bains?
Tu habites à Berlin?	Où est mon sac de sport?	Tu as quel âge?	Qui est dans la cuisine?
Tu as des frères et des sœurs?	Ta mère travaille dans un supermarché?	Tu parles français?	Tu ranges ta chambre?
Tu as des animaux?	Tu as ta chambre?	Vous habitez dans une maison?	Ton lit est à côté du bureau?

ORTHOGRAPHE | Rechtschreibtraining

Nach Unité 2

1   1. C'est la rentrée. Ça va, les élèves?
2. Nous sommes à Levallois. Voilà le collège Jean Jaurès.
3. Je m'appelle Laurine. Et toi, tu t'appelles comment?
4. Les garçons sont dans la cour. Vous êtes en sixième?

Nach Unité 3

2   1. **cinq** – 2. **trois** – 3. **dix** – 4. **sept** – 5. un – 6. **quatre** – 7. **huit** – 8. **deux** – 9. **neuf** – 10. **six**

3

1	un	6	six
2	deux	7	sept
3	trois	8	huit
4	quatre	9	neuf
5	cinq	10	dix

Nach Unité 4

4   Salut Franziska,
Tu habites à Kempten? C'est où?
Tu as quel âge? Tu as des frères et sœurs?
Moi, j'habite près d'un parc. Mon école est à côté.
Je suis élève en cinquième au collège Jean Rostand.
Mes copains et moi, nous rentrons toujours ensemble – à pied, bien sûr!
À plus, Maëlle

5   **un** – deux – **trois** – quatre – **cinq** – six – **sept** – huit – **neuf** – dix – **onze** – douze – **treize** – quatorze – **quinze** – seize – **dix-sept** – dix-huit – **dix-neuf** – vingt

Nach Unité 5

6   **Qu'est-ce que** Paul cherche?
Paul, le **frère** de Maëlle, **est** dans sa chambre. Il **cherche** ses clés. Il a **cours** à neuf **heures**. Il regarde à **droite** et à **gauche**, dans son sac de sport **derrière** la porte, **sous** ses mangas.
Sa mère: Dépêche-toi, Paul!
Alors, Paul regarde sur son **bureau. Ses** clés sont **là**!

À LA CHASSE AUX FAUTES | Auf Fehlerjagd

Tipp: Nach jeder schriftlichen Produktion (production écrite) sollst du deinen Text mehrmals durchlesen. Damit du Fehler, die häufig auftreten, auch findest, nimm die Fehlerliste und die Hinweise in deinem Lehrbuch auf Seite 105 zu Hilfe.

CRITÈRES D'ÉVALUATION DU DEVOIR ORAL | Bewertungskriterien für die mündliche Klassenarbeitstrainer

40 Punkte

Gesamt: 2 x 20 Punkte = 40 Punkte

Inhalt

____/10 P.

Présente-toi (Du stellst dich vor)	Du kannst dich vorstellen. 1 P. Du kannst auf eventuelle Rückfragen reagieren. 1 P.
Monologue suivi (Kurzvortrag)	Du kannst dein Thema auf einfache und spontane Weise präsentieren. 2 P. Der Zuhörer kann deinem Kurzvortrag gut folgen. 2 P.
Jeu de rôles (Rollenspiel)	Du kannst dich situationsgerecht bei einem Rollenspiel einbringen. 2 P. Du kannst auf deine/n Gesprächspartner/in eingehen. 2 P.

Sprache

____/10 P.

Die Bewertung bezieht sich auf die drei Prüfungsteile.

Wortschatz	Du verfügst über ausreichend Wortschatz und kannst ihn richtig verwenden. 3 P.
Grammatik	Du kannst gelernte grammatische Strukturen anwenden. 4 P.
Aussprache und Intonation	Deine Aussprache ist verständlich. Du beherrschst die französische Satzmelodie weitestgehend. 3 P.

À toi! 1A

Klassenarbeitstrainer

Cornelsen

À toi! **1A**
Klassenarbeitstrainer
mit Audio-CD

im Auftrag des Verlages erarbeitet von
Karine Férey, Walpurga Herzog

Redaktion Französisch: Julia Goltz (Projektleitung), Anne Lapanouse, Katja Kurzweg
Bildassistenz: Christiane Ulrich

Umschlaggestaltung: werkstatt für gebrauchsgrafik, Berlin
Layout und technische Umsetzung: graphitecture book, Rosenheim
Illustrationen: Laurent Lalo
CD-Produktion: MK Audio languages solutions, Berlin; Sören Schrader, Berlin
Umschlagfoto: © Getty Images / Westend61 (Vordergrund);
Getty Images / Paul Trummer (Hintergrund)

Bildquellen:
© Fotolia, S. 10.
© picture-alliance / dpa, S. 25 – © picture-alliance, S. 26.

Auf der Audio-CD findest du die Hörtexte der einzelnen Klassenarbeiten, eine Hörübung des Teils „Orthographe" und die Sätze und Fragen der Trainingskarten.

Liebe Schülerin, lieber Schüler, falls du das eingelegte Lösungsheft verloren hast, kannst du es downloaden. Gehe dazu auf www.cornelsen.de/webcodes und gib folgenden Webcode ein: **ATOI-1A-KAT**

www.cornelsen.de

1. Auflage, 5. Druck 2021

Alle Drucke dieser Auflage sind inhaltlich unverändert
und können im Unterricht nebeneinander verwendet werden.

© 2013 Cornelsen Schulverlag GmbH, Berlin
© 2018 Cornelsen Verlag GmbH, Berlin

Druck: Athesiadruck GmbH

ISBN 978-3-06-024362-4

PEFC zertifiziert
Dieses Produkt stammt aus nachhaltig
bewirtschafteten Wäldern und kontrollierten
Quellen.

PEFC™
PEFC/18-31-166   www.pefc.de

INHALTSVERZEICHNIS

INHALTSÜBERSICHT DER AUDIO-CD

Liebe Schülerin, lieber Schüler, falls du die Audio-CD verloren hast, kannst du sie dir als MP3-Dateien downloaden. Gehe dazu auf www.cornelsen.de/webcodes und gib folgenden Webcode ein: **ATOI-1A-KAT-AUDIO**

Salut! Mit diesem Heft kannst du dich auf Tests und Klassenarbeiten vorbereiten.

Unité 4 Ma famille et moi

Die Klassenarbeiten beinhalten eine Mischung aus Kompetenz- und Sprachtraining.

Compréhension de l'oral

Fallen dir französische Höraufgaben schwer? Hier findest du viele Beispiele zum Üben.

Compréhension de l'écrit

Du findest es schwierig, französische Texte zu lesen und zu verstehen? Auch Textverständnis ist Übungssache.

Vocabulaire

Bist du mit dem Wortschatz der jeweiligen Unité vertraut? Hier kannst du dich überprüfen.

Grammaire

Du beherrschst die neuen Grammatikstrukturen noch nicht? Dann hast du hier Gelegenheit zu üben.

Médiation

Hier übst du Informationen auf Deutsch oder Französisch wiederzugeben.

Version

Übersetzen vom Französischen ins Deutsche ist nicht schwer ... Prüfe, ob du es gut beherrschst.

Production écrite

Hier schreibst du Texte auf Französisch, z. B. E-Mails oder Blogs.

Die mündliche Klassenarbeit

Hier übst du flüssig und frei zu sprechen.

Présente-toi

Stelle dich vor.

Monologue suivi

Sprich über ein Alltagsthema.

Jeu de rôles et échanges d'informations

Mach ein Rollenspiel mit einem Partner / einer Partnerin.

Annexe

Hier findest du weitere Übungen zum Schreiben und Sprechen.

Orthographe

Wörter korrekt zu schreiben ist nicht deine Stärke? Hier findest du passende Übungen.

Les clés pour parler

Übe mit den Trainingskarten „En situation" und „32 questions pour un champion" für mündliche Tests.

Überprüfe deine Ergebnisse mit Hilfe der Lösungen. Dort findest du auch die Hörtexte sowie die Vorlagen für den Kommunikationstrainer.

Viel Erfolg mit deinem Klassenarbeitstrainer!

COMPRÉHENSION DE L'ORAL | Hörverstehen 10 Punkte

Im Hörtext: **aussi** auch

> Hörverstehen ist eine Übungssache.
> Höre die Dialoge einzeln und mehrmals.

1 La rentrée. Écoute les dialogues et trouve à quelles images ils correspondent. | _____/3 P.
Der erste Tag im Collège Jean Rostand. Höre die Gespräche an und ordne sie
den passenden Bildern zu. Trage die Buchstaben in den Kästchen ein.

☐ Dialogue 2

☐ Dialogue 1

☐ Dialogue 3

a

b

c

2 Écoute de nouveau les dialogues et coche les bonnes réponses. | Höre die _____/7 P.
Gespräche noch einmal an und kreuze an, ob die Aussagen richtig (*vrai*)
oder falsch (*faux*) sind.

	Vrai	Faux
1. Maëlle est en cinquième A.	☐	☐
2. Léonie est en cinquième A.	☐	☐
3. Jules est en cinquième.	☐	☐
4. Paul est en sixième A.	☐	☐
5. Léonie est dans la classe de Madame Dumoncel.	☐	☐
6. Monsieur Ferry est le prof de français.	☐	☐
7. Théo est l'ami de Lucas.	☐	☐

Wiederhole zuerst die Vokabeln von Unité 1 und Unité 2, um die E-Mail besser zu verstehen.

Le mail de Grégoire. | Du hast eine E-Mail von deinem Austauschpartner bekommen.

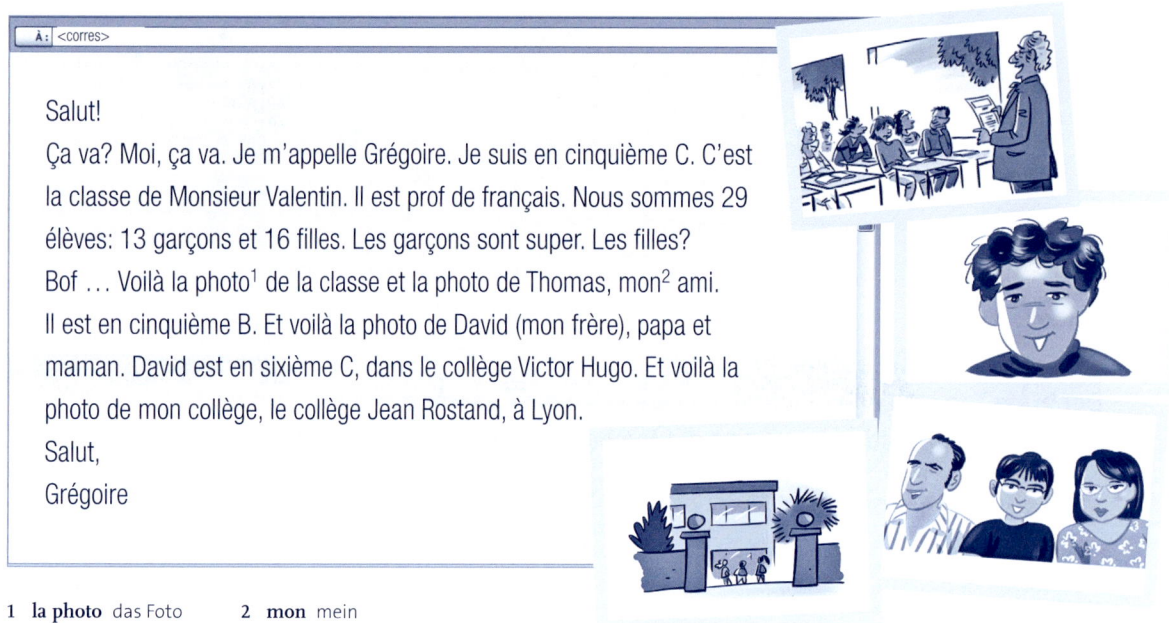

À : <corres>

Salut!

Ça va? Moi, ça va. Je m'appelle Grégoire. Je suis en cinquième C. C'est la classe de Monsieur Valentin. Il est prof de français. Nous sommes 29 élèves: 13 garçons et 16 filles. Les garçons sont super. Les filles? Bof … Voilà la photo[1] de la classe et la photo de Thomas, mon[2] ami. Il est en cinquième B. Et voilà la photo de David (mon frère), papa et maman. David est en sixième C, dans le collège Victor Hugo. Et voilà la photo de mon collège, le collège Jean Rostand, à Lyon.

Salut,

Grégoire

1 **la photo** das Foto   2 **mon** mein

3 **Lis le mail et note qui c'est. | Lies die E-Mail.**   _____/4 P.
      Wer ist hier gemeint? Schreibe die Namen auf.

1. Il est dans la classe de Monsieur Valentin. C'est qui? _____ .

2. Il est en cinquième B. C'est qui? _____ .

3. C'est le frère de Grégoire. C'est qui? _____ .

4. C'est le prof de français. C'est qui? _____ .

4 **Lis le mail encore une fois et coche les bonnes réponses. | Lies die E-Mail**   _____/5 P.
      noch einmal und kreuze die richtigen Antworten an.

1. Grégoire est:
   a ☐ en cinquième A.
   b ☐ en cinquième B.
   c ☐ en cinquième C.

2. La classe de Grégoire, c'est:

a ☐   20   9   b ☐   16   13   c ☐   13   16

3. Thomas est:
   a ☐ le frère de Grégoire.
   b ☐ l'ami de Grégoire.
   c ☐ le surveillant.

4. David est:
   a ☐ en sixième C.
   b ☐ en cinquième B.
   c ☐ en cinquième C.

5. Le collège de Grégoire, c'est:
   a ☐ le collège Jean Lyon.
   b ☐ le collège Jean Rostand.
   c ☐ le collège Victor Hugo.

5 Qu'est-ce que c'est? Écris le mot au singulier ou au pluriel avec l'article défini. | Welche Wörter des Wortfelds „Schule" sind hier abgebildet? Notiere das Wort im Singular oder im Plural mit dem bestimmten Artikel.

_____/ 6 P.

_____

_____

_____

_____

_____

_____

Aufgepasst! Im Plural haben männliche und weibliche Nomen den gleichen Artikel!

6 Complète. Trouve le mot solution, écris-le et traduis-le. | Vervollständige. Finde das Lösungswort, schreibe es auf und übersetze es.

_____/ 9 P.

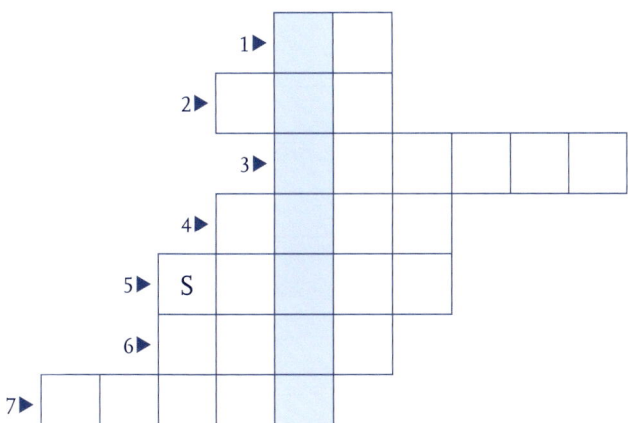

1. **La surveillante:** **?** sont les filles de la cinquième B?
2. **Théo à[1] Lucas:** Moi, ça va. Et **?** ?
3. **Élève à la prof:** Bonjour, **?** !
4. **Thomas:** Léonie? C'est l' **?** de Lucas.
5. **Jules:** Maëlle? C'est la **?** de Paul.
6. **La prof:** Les élèves? Ils sont **?** la cour.
7. **Thomas:** **?** , Grégoire. Ça va?

Le mot solution[2] est _____ (= _____).

1 à _hier:_ zu   2 **le mot solution** das Lösungswort

7 Complète les phrases par les bonnes formes du verbe *être*. |
Thomas und Pauline unterhalten sich mit einer neuen Mitschülerin.
Vervollständige den Dialog mit den richtigen Formen des Verbs *être*.

_____ / 8 P.

Thomas, Julie et Pauline _____ dans la cour.

Thomas: Salut! Tu _____ en cinquième?

Julie: Oui, je _____ en cinquième C. Et vous? Vous _____ aussi* en cinquième?

Pauline: Oui, nous _____ en cinquième B, dans la classe de Monsieur Ferry.

C'_____ le prof de français.

Julie: Il _____ cool?

Pauline: Oui. Ah, voilà Maëlle et Léonie!

Thomas: Ce _____ les amies de Pauline.

* **aussi** auch

8 Écris les questions qui vont avec les réponses. | Pauls Großmutter stellt Paul und
seinem Freund viele Fragen. Schreibe die passenden Fragen zu den Antworten auf.

_____ / 12 P.
(= 6 x 2 P.)

1. **Madame Dupas:** Bonjour, Paul. _____ ?

   Paul: Oui, ça va.

2. **Madame Dupas:** Bonjour. _____ ?

   Jules: Je m'appelle Jules.

3. **Madame Dupas:** _____ ?

   Jules: Oui, je suis dans la classe de Paul. Voilà la photo[1] de la classe.

4. **Madame Dupas:** Ah! Et _____ ?

   Paul: C'est Monsieur Valentin, le prof de français.

5. **Madame Dupas:** Et _____ ?

   Paul: Oui, nous sommes dans la cour.

1 **la photo** das Foto   2 **sympa** nett

9 Complète les phrases par les pronoms personnels *je*, *tu*, *il*, *elle*, *nous*, *vous*, ___/8 P.
ils ou *elles*. | Léonie schreibt ihren Cousinen eine E-Mail. Ergänze die Sätze
mit den Personalpronomen *je*, *tu*, *il*, *elle*, *nous*, *vous*, *ils* **oder** *elles*.

À :

Salut les filles!

Maintenant[1], _____ suis en cinquième B, c'est la classe de Monsieur Ferry. _____ est

professeur de français. Pauline? _____ est en cinquième B aussi[2]! Dans la classe,

_____ sommes 19 garçons (_____ sont super) et 13 filles (_____ sont super aussi).

_____ êtes encore[3] dans le collège Victor Hugo? Samantha, _____ es dans la classe de

David, le frère de Grégoire?

Salut!

Léonie

1 **maintenant** jetzt   2 **aussi** auch   3 **encore** immer noch

10 Quel est le singulier des mots marqués? Utilise l'article défini. | Wie lautet ___/6 P.
der Singular der markierten Nomen? Schreibe sie auf und verwende den (= 12 x 0,5 P.)
bestimmten Artikel.

Jérémy: Ce sont les frères ou[1] les amis de Léonie?

Pauline: Là[2], c'est _____ f_____ de Léonie et là,

c'est Lucas, _____ a_____ de Léonie.

Jérémy: Ce sont les professeurs ou les surveillantes ?

Pauline: Là, c'est Monsieur Valentin, _____ p_____ de français,

et là, c'est Magalie, _____ s_____.

Jérémy: Ce sont les cinquièmes ou les sixièmes ?

Pauline: Là, c'est _____ c_____ B et là, c'est _____ s_____ B.

1 **ou** oder   2 **là** da

> Aufgepasst! Vor einem Vokal
> oder stummen *h* werden *le*
> und *la* zu *l'* verkürzt.

11 Regarde la page Internet et réponds aux questions de ton frère en allemand. | Dein französischer Austauschschüler Étienne hat dir den Link zur Internetseite seiner Klasse geschickt. Lies sie und beantworte die Fragen von deinem Bruder auf Deutsch. Schreibe in ganzen Sätzen.

> Um unbekannte Wörter zu verstehen, überlege, ob es im Deutschen bzw. im Englischen ein ähnliches Wort gibt! (z. B.: *la danse* = the dance)

BLOG du collège Jean Rostand

Étienne52

Bonjour!
C'est nous, la cinquième B du collège Jean Rostand! Dans notre classe, nous sommes 32 élèves: 19 garçons et 13 filles. Nous sommes la classe de Monsieur Ferry. C'est aussi notre prof de français. Il est très sympa.
Dans notre classe, 3 filles sont dans le club de danse et 7 garçons sont dans le club photo. Nous organisons une pièce de théâtre* avec Monsieur Ferry: «Le Petit Prince».
Date du spectacle: 15 avril!

PHOTOS DES PROFS

M. Ferry (français)

Mme Dumoncel (maths)

Mme Leduc (allemand) et Mme Hanoque (sport)

M. Legrand (histoire-géographie)

M. Leroy (biologie)

Mme Guillou (chimie)

M. Chopin (musique)

* **la pièce de théâtre** das Theaterstück

1. In welche Klasse geht Étienne? 1 P.

_____

2. Wie viele Schüler sind in dieser Klasse? 1 P.

_____

3. Wie heißt der Klassenlehrer? 1 P.

_____

4. Wer ist im Tanzclub? 1 P.

_____

5. Was organisiert die Klasse? Wann wird die Vorstellung sein? 2 P.

_____

6. Wer ist die Frau auf dem zweiten Bild? Was unterrichtet sie? 2 P.

_____

7. Was unterrichtet die Lehrerin auf dem sechsten Bild? 1 P.

_____

8. Hat die Klasse Sport bei einem Lehrer oder bei einer Lehrerin? 1 P.

_____

VERSION | Übersetzung   _____/10 P.

12 Traduis les phrases en allemand. | Übersetze die Sätze ins Deutsche.

1. C'est la rentrée. 1 P.

Die einzelnen Sätze sind in Sinn-
abschnitte unterteilt und mit Punkten
versehen, damit dir die Bewertung leichter fällt!

_____

2. Les élèves et les surveillants 2 P. sont dans la cour. 1 P.

_____

3. **Léonie:** Tu es Jules? 1 P.

_____

4. **Jules:** Oui. Et toi, tu t'appelles comment? 1 P.

_____

5. **Léonie:** Je m'appelle Léonie. 1 P. Et le garçon, c'est qui? 2 P.

_____

6. **Jules:** C'est Grégoire, l'ami de Thomas. 1 P.

_____

13 Lisa décrit le collège. Écris pour chaque image une ou deux phrases. | Lisa stellt ihrer französischen Brieffreundin sich und ihre Schule vor. Was würdest du an ihrer Stelle sagen? Schreibe zu jedem Bild einen oder zwei Sätze.

1. Sage, wie du heißt und in welcher Klasse du bist. 2 P.

_____

_____

_____

Lisa Lange
Klasse : 6A

2. Stelle die Schule vor. 2 P.

_____

_____

_____

Realschule
Maria Stern –
Immenstadt

3. Weise auf die Lehrer auf dem Schulhof hin. 2 P.

_____

_____

_____

4. Sage (in Ziffern), wie viele Mädchen in deiner Klasse sind. 2 P.

_____

_____

_____

10   12

5. Stelle die beiden Mädchen vor (Vornamen, Klasse). 2 P.

_____

_____

_____

Laura 7B   Sara 7B

6. Erkläre, dass Daniela die Schwester von Sara ist. Füge hinzu, dass Sara die Freundin von Laura ist. 2 P.

_____

_____

COMPRÉHENSION DE L'ORAL | Hörverstehen | 10 Punkte |

🎧 **1**
3

Les interviews de Thomas. Écoute les interviews et complète. |
Thomas interviewt Mitschüler zu ihrem Viertel. Hör zu. Wo wohnen
Pauline, Grégoire und Lucas? Trage die Buchstaben in den Kästchen ein.

_____/6 P.

1. Pauline ☐☐   2. Grégoire ☐☐   3. Lucas ☐☐

| a   7, avenue de l'Europe | b   2, rue du Parc | c   5, rue Gustave Eiffel |

🎧 **2**
3

Écoute encore les interviews et coche les bonnes réponses. |
Höre die Interviews noch einmal an und kreuze die richtigen Antworten an.

_____/4 P.

1. Léonie habite:
   a ☐ 6, avenue de l'Europe.   b ☐ 8, avenue de l'Europe.   c ☐ 10, avenue de l'Europe.

2. Léonie et Lucas rentrent:

a ☐    b ☐    c ☐

3. Après le collège, Lucas passe par:

a ☐    b ☐    c ☐

4. Ils sont dans un club de foot, ce sont:
   a ☐ Lucas et un ami.   b ☐ Lucas et son* frère.   c ☐ Grégoire et un ami.
   d ☐ Grégoire et son* frère.

* **son** sein

Quentin cherche un cinéma et un roller parc. | Quentin ist vor einigen Wochen nach Lyon gezogen. Du besuchst ihn. Zusammen möchtet ihr ins Kino und in einen Skatepark gehen. Deshalb fragt er Mitschüler per Instant-Messenger.

CHAT rencontres

QUENTIN	Salut Alex, tu habites où?
ALEXANDRE	J'habite rue des Arts. Et toi?
QUENTIN	5, rue du Parc. Qu'est-ce qu'il y a dans ton[1] quartier?
ALEXANDRE	Il y a un supermarché, une librairie, un cybercafé et une médiathèque.
QUENTIN	Et un cinéma?
ALEXANDRE	Ah oui, il y a aussi un cinéma, «Le Rex», dans ma[2] rue!
QUENTIN	Et un roller parc?
ALEXANDRE	Non, mais il y a un stade. Il est super aussi.
QUENTIN	Et la rue des Arts, c'est où?
ALEXANDRE	C'est près de l'avenue de l'Europe.
QUENTIN	Salut!

CHAT rencontres

QUENTIN	Salut, tu habites où?
JÉRÉMY	Avenue Gustave Eiffel. Et toi?
QUENTIN	5, rue du Parc.
JÉRÉMY	Ah, c'est à côté.
QUENTIN	Ah, c'est à côté? Cool! Je cherche un cinéma dans le quartier.
JÉRÉMY	Il y a le cinéma «Le Club» à côté de la librairie dans la rue des Étoiles. C'est près de l'avenue Gustave Eiffel.
QUENTIN	Super! Et un roller parc?
JÉRÉMY	Dans le quartier, non, mais il y a un roller parc dans la rue Claude Monet.
QUENTIN	C'est où?
JÉRÉMY	C'est la rue où il y a le collège! ☺
QUENTIN	Oh! Super! Salut!

1 **ton** deinem   2 **ma** meiner

3   Lis le texte et complète la grille. | Lies den Text und ergänze die Tabelle.   _____ / 10 P.

	Il habite où? (adresse)	Qu'est-ce qu'il y a dans son[*] quartier?
Alexandre	_____ _____	_____ _____ _____
Jérémy	_____ _____	_____ _____ _____

* **son** seinem

4 Relie les lieux ou les personnes aux bonnes rues. | Lies die Texte, S. 14, noch
einmal. Suche die Adressen auf dem Stadtplan. Verbinde die Orte bzw. die
Personen mit den richtigen Straßen.

_____ / 3 P.
(= 6 x 0,5 P.)

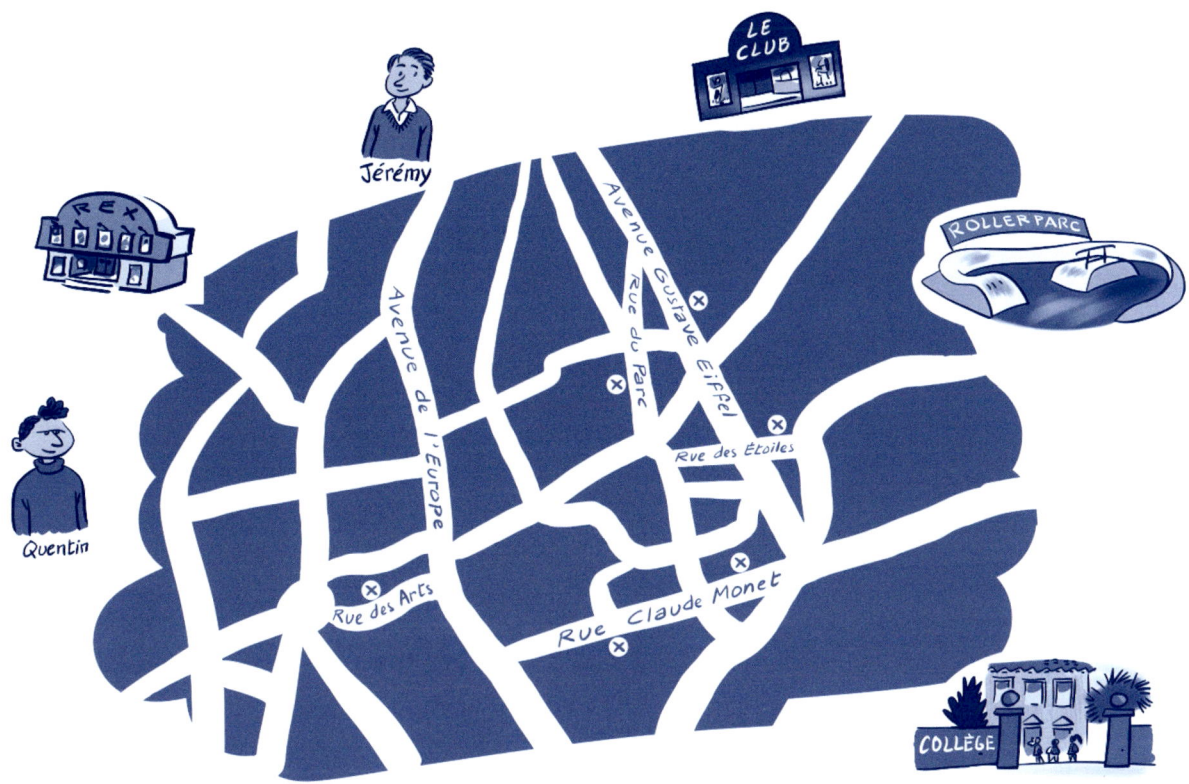

VOCABULAIRE | Wortschatz

27 Punkte

5 Complète les phrases par les mots suivants. Attention: il y a un mot de
trop. | Vervollständige die Sätze mit folgenden Wörtern. Aufgepasst:
Ein Wort bleibt übrig.

_____ /10 P.

aussi	et	nouvelle	moi	avec
bien sûr	toi	de	par	mais

Paul: Regarde, Jules, c'est Maëlle. Elle est _____.

Jules: Elle est d'où?

Paul: Elle est _____ Marseille. Elle habite rue Georges Pompidou.

Jules: C'est la rue _____ le cinéma?

Paul: Oui. Il y a _____ une médiathèque _____ une boulangerie.

Jules: _____, je rentre.

Paul: Je rentre avec _____. On passe _____ la médiathèque?

Jules: _____!

6 Souligne l'intrus. | Unterstreiche das Wort, das nicht in die Reihe passt. _____/5 P.

1. Paris – Eiffel – Marseille – Levallois

2. le bus – le métro – le navigo – le mur

3. le cinéma – la tour – la médiathèque – le cybercafé

4. après – sur – près de – à côté

5. le club – le foot – le stade – l'hôtel

7 Complète les champs lexicaux. | Ergänze die Wortfelder. _____/12 P.

> Vokabeln kannst du dir besser merken, wenn du sie in Wortfeldern vernetzt. Vielleicht findest du noch mehr Wörter für jeden Oberbegriff?

1. la b _ _ _ _ _ _ _ _ _ _ _ + la l _ _ _ _ _ _ _ _ + le p _ _ _ +

   le su _ _ _ _ _ _ _ _ _ _ ➜ le quartier

2. le g _ _ _ _ _ + la f _ _ _ _ + l'a _ _ + l'a _ _ _ ➜ les amis

3. la c _ _ _ + le p _ _ _ + l'é _ _ _ _ + le s _ _ _ _ _ _ _ _ _ _ t ➜ le collège

GRAMMAIRE | Grammatik

28 Punkte

8 Complète par l'article défini *le, la, les* ou l'article indéfini *un, une, des*. | Vervollständige die Sätze mit dem bestimmten Artikel *le, la, les* oder mit dem unbestimmten Artikel *un, une, des*. _____/11 P.

Dans le quartier de Maëlle, il y a ____ médiathèque, ____ boulangerie et ____ cinéma.

Il y a aussi ____ tours et ____ roller parc. ____ roller parc est entre ____ tours. ____ cinéma

est près de ____ boulangerie. Il y a aussi ____ stade, c'est ____ stade «Jean Jaurès».

9 Conjugue les verbes entre parenthèses. | Léonie und Lucas gehen nach Hause. Konjugiere die Verben in Klammern. _____/11 P.

Lucas et Léonie _____ (rentrer) à pied.

Lucas: On _____ (passer) par la boulangerie?

Léonie: Oui.

Après la boulangerie ...

Léonie et Lucas _____ (être) dans le parc.

Léonie: Hm! C'_____ (être) bon!

Lucas: _____ (regarder), voilà Maëlle.

Léonie: Salut Maëlle!

Maëlle: Salut!

Wiederhole zuerst die Formen des Verbs *être* und die Endungen der Verben auf *-er*, dann löse diese Aufgabe.

Lucas: Tu _____ (rentrer)?

Maëlle: Non, je _____ (chercher) une librairie dans le quartier.

Lucas: Il y a une librairie près de la boulangerie.

Maëlle: Super. Vous _____ (habiter) où?

Léonie: Nous _____ (habiter) avenue de l'Europe. Nous _____ (être)

toujours* dans le parc après le collège. Et toi?

Maëlle: Moi, j'_____ (habiter) rue Georges Pompidou. Salut!

Léonie et Lucas: Salut!

* **toujours** immer

10 Dans la cour, Thomas pose des questions. Remets les mots dans l'ordre. | Auf dem Schulhof stellt Thomas einer Mitschülerin viele Fragen. Stelle die Fragen wieder her.

_____/ 6 P.

1. appelles / comment / tu / t' / ?

_____

_____

2. es / Lyon / tu / de / ?

_____

3. ta* rue / il y a / est-ce qu' / qu' / dans / ?

_____

_____

4. il y a / librairie / aussi / une / ?

_____

5. est / c' / où / ?

_____

6. cherches / qu' / tu / est-ce que / ?

_____

* **ta** deiner

11   Sur le chemin de l'école, tu traduis pour Léonie et tes amis. | Deine französische Brieffreundin Léonie ist bei dir zu Besuch. Ihr geht zusammen mit deinen Freunden in die Schule. Du dolmetschst für Léonie.

Exemple:

Luisa: Hallo Léonie. Ich heiße Luisa. Ich wohne in dem Hochhaus nebenan.

Du: Voilà Luisa. Elle habite dans la tour à côté.

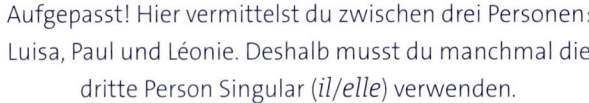

Aufgepasst! Hier vermittelst du zwischen drei Personen: Luisa, Paul und Léonie. Deshalb musst du manchmal die dritte Person Singular (*il/elle*) verwenden.

1. **Paul:** Hallo Léonie, ich heiße Paul. 1 P.

    Du: _____

2. **Léonie:** Salut, moi, c'est Léonie. Et toi, tu t'appelles comment? (*à Luisa*) 1 P.

    Du: _____

3. **Luisa:** Ich bin Luisa, die Freundin von Paul. Wir wohnen hier nebenan. Paul wohnt zwischen der

    Buchhandlung und dem Internetcafé. 5 P.

    Du: _____

    _____

4. **Paul:** In dem Viertel gibt es auch ein Kino und sogar einen Skatepark. 3 P.

    Du: _____

    _____

    _____

    _____

5. **Léonie:** On rentre ensemble? 1 P.

    Du: _____

    _____

6. **Luisa:** Ja, klar. Und gehen wir bei der Mediathek vorbei? 2 P.

    Du: _____

    _____

12 Traduis les phrases en allemand. | Übersetze die Sätze ins Deutsche.

Lies zuerst alle Sätze durch, damit du weißt, worum es geht.

1. Après l'école, 1 P. Paul et Jules rentrent à pied ensemble. 2 P.

_____

_____

2. Qu'est-ce qu'il y a dans le quartier de Paul et Jules? 2 P.

_____

3. Il y a un mur peint, 1 P. un cybercafé, 1 P. des hôtels 1 P. et la boulangerie «Au bon crois-sant»*. 1 P.

_____

_____

4. Paul habite à côté. 2 P.

_____

5. Les croissants, c'est bon! 1 P.

_____

* „Au bon croissant" ist ein Eigenname. Er wird nicht übersetzt.

13 Philipp écrit un mail à son corres français Lucas. | Philipp schreibt seinem französischen Aus-tauschpartner Lucas eine E-Mail. Er hängt auch ein Foto seines Viertels an. Schreibe die E-Mail für Philipp. Sie hat folgenden Inhalt.

1. Philipp begrüßt Lukas und fragt, wie es ihm geht. 2 P.

_____

2. Er schreibt, dass er in der Schillerstraße[1] 8 in Kempten wohnt. Er erklärt, dass Kempten in der Nähe von München[2] liegt. 3 P.

_____

_____

1 **Schillerstraße** la rue Schiller   2 München heißt auf Französisch „Munich".

3. Er weist auf das Foto* hin. 1 P.

_____

4. Er erzählt, was es in dem Viertel gibt und bezieht sich dabei auf das Bild. 6 P.

_____

_____

_____

_____

5. Er erklärt, dass das Mädchen im Skatepark eine Freundin ist. 3 P.

_____

_____

6. Philipp fragt, wo Lukas wohnt und was es in dem Viertel gibt. 3 P.

_____

_____

7. Er verabschiedet sich. 1 P.

_____

Lies deinen Text noch einmal durch:
Hast du an die *accents* gedacht?

* **das Foto** la photo

COMPRÉHENSION DE L'ORAL | Hörverstehen

10 Punkte

Hörverstehen ist eine Übungssache. Lies dir die Aufgabenstellung vor dem Hören gründlich durch, damit du weißt, worauf du dich konzentrieren musst.

1 Au camping de Sisteron. Écoute le dialogue. Quelles images correspondent à Pauline et à Julian? | Pauline lernt auf dem Campingplatz von Sisteron Julian kennen. Höre den Dialog an. Welche Bilder passen zu Pauline und welche zu Julian? Schreibe P für „Pauline" oder J für „Julian" auf.

_____/5 P.

1	2	3	4

2 Écoute le dialogue encore une fois et coche les bonnes réponses. | Höre den Dialog noch einmal an und kreuze die richtigen Antworten an.

_____/5 P.

1. Pauline est à Sisteron avec:

a ☐   b ☐   c ☐

2. Julian habite avec:

a ☐   b ☐   c ☐

3. Julian a:
   a ☐ un chien et un chat.   b ☐ un chien, un chat et une perruche.
   c ☐ un chat et deux cochons d'Inde.

4. Le père de Julian a:
   a ☐ un chat.   b ☐ une perruche.   c ☐ un chien.

5. Elle parle bien allemand, c'est:
   a ☐ Pauline.   b ☐ La grand-mère de Pauline.   c ☐ La tante de Pauline.

Tu cherches un/e correspondant/e et tu lis l'annonce de Théo. | Du suchst eine/n
französische/n Brieffreund/in und hast gerade die Anzeige von Théo im Internet gefunden.

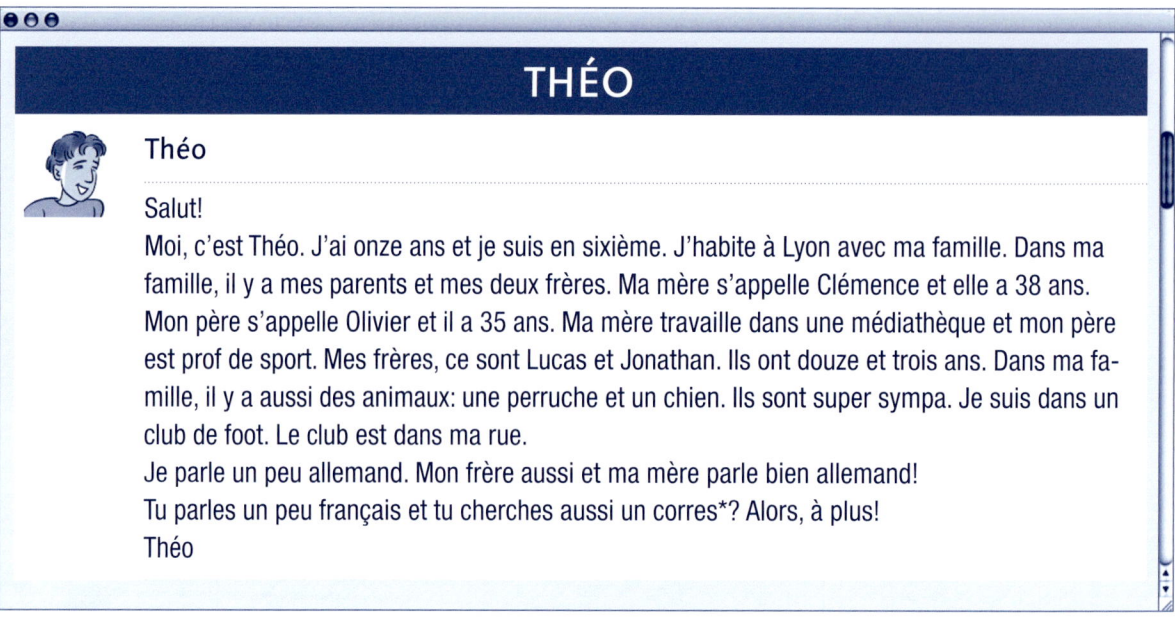

THÉO

Théo

Salut!

Moi, c'est Théo. J'ai onze ans et je suis en sixième. J'habite à Lyon avec ma famille. Dans ma
famille, il y a mes parents et mes deux frères. Ma mère s'appelle Clémence et elle a 38 ans.
Mon père s'appelle Olivier et il a 35 ans. Ma mère travaille dans une médiathèque et mon père
est prof de sport. Mes frères, ce sont Lucas et Jonathan. Ils ont douze et trois ans. Dans ma famille, il y a aussi des animaux: une perruche et un chien. Ils sont super sympa. Je suis dans un
club de foot. Le club est dans ma rue.
Je parle un peu allemand. Mon frère aussi et ma mère parle bien allemand!
Tu parles un peu français et tu cherches aussi un corres*? Alors, à plus!
Théo

* **le/la corres** der/die Brieffreund/in

3 Corrige les phrases. | Du liest deinem Cousin Théos Vorstellung vor. ____/6 P.
Er versteht aber nicht alles. Streiche den Fehler in jedem Satz durch und
korrigiere ihn als Stichwort.

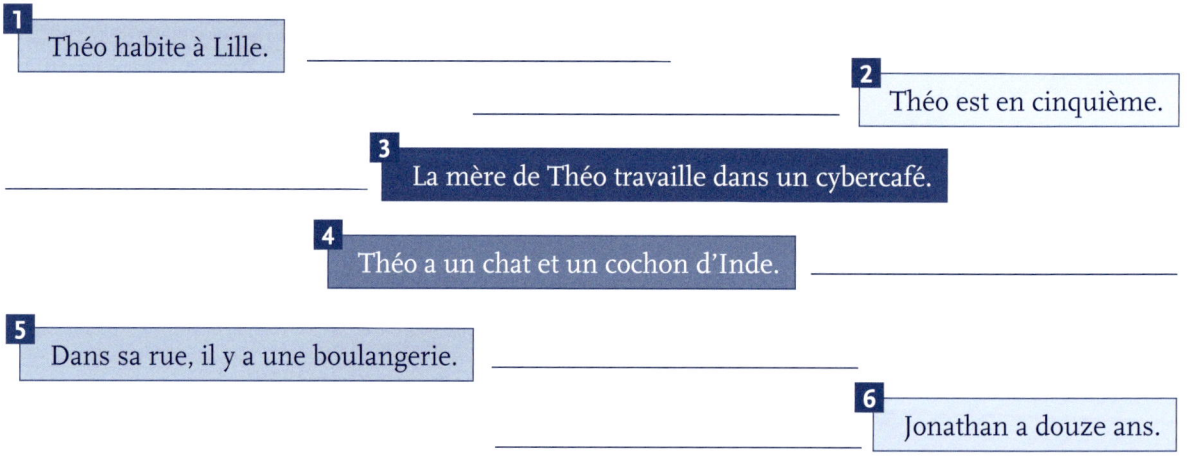

1 Théo habite à Lille. _____

2 Théo est en cinquième. _____

3 La mère de Théo travaille dans un cybercafé. _____

4 Théo a un chat et un cochon d'Inde. _____

5 Dans sa rue, il y a une boulangerie. _____

6 Jonathan a douze ans. _____

4 Lis le texte encore une fois et trouve qui c'est. | Lies den Text noch einmal ____/5 P.
und schreibe auf, wer gemeint ist.

1. Il s'appelle Lucas. C'est _____ de Théo.

2. Elle parle bien allemand. C'est _____ de Théo.

3. Il est prof de sport. C'est _____ de Théo.

4. Ils sont sympa. Ce sont _____ de Théo.

5. Il cherche un correspondant. C'est _____ .

22 Punkte

5 Regarde l'arbre généalogique et complète les phrases. | Schau dir den Stammbaum an und vervollständige die Sätze.

_____/ 6 P.

Henri Yvette

Annie Yves

Florian Lucie

1. Henri et Yvette sont les _____ de Florian et Lucie.

2. Yvette est la _____ de Florian et Lucie.

3. Yves est le _____ de Florian et Lucie.

4. Florian et Lucie sont les _____ d'Yves et Annie.

5. Lucie est la _____ de Florian.

6. Et Florian, c'est le _____ d'Yves et Annie.

6 Complète. Trouve le mot solution, écris-le et traduis-le. | Vervollständige. Finde das Lösungswort, schreibe es auf und übersetze es.

_____/ 9 P.

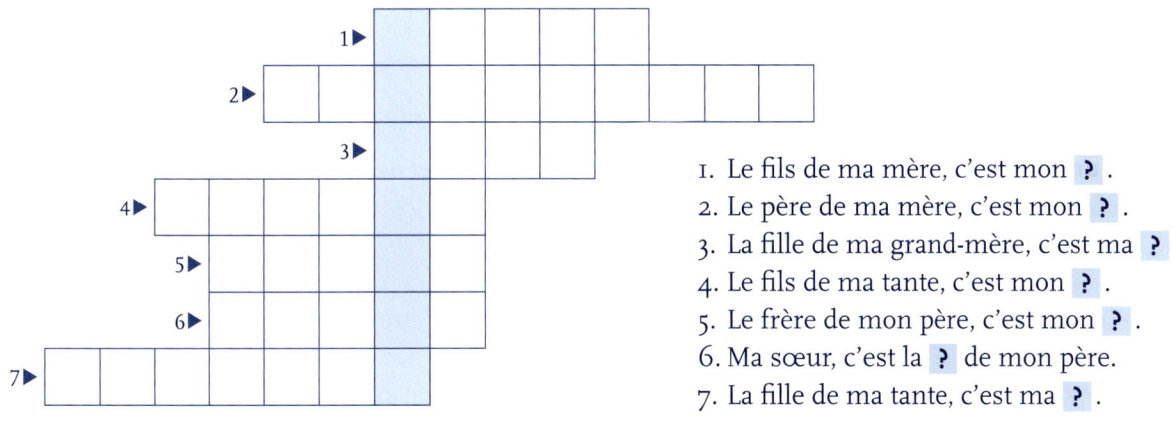

1. Le fils de ma mère, c'est mon **?** .
2. Le père de ma mère, c'est mon **?** .
3. La fille de ma grand-mère, c'est ma **?** .
4. Le fils de ma tante, c'est mon **?** .
5. Le frère de mon père, c'est mon **?** .
6. Ma sœur, c'est la **?** de mon père.
7. La fille de ma tante, c'est ma **?** .

Le mot solution* est _____ (= _____).

* **le mot solution** das Lösungswort

7 Écris les résultats en toutes lettres. | Schreibe das Ergebnis aus. ____/7 P.

1. trois + cinq = _____

2. neuf + dix = _____

3. neuf + deux = _____

4. dix + quatre = _____

5. dix + dix = _____

6. neuf + six = _____

7. neuf + sept = _____

GRAMMAIRE | Grammatik

26 Punkte

8 Conjugue les verbes entre parenthèses. | Lucas interviewt Maëlle. ____/14 P.
Konjugiere die Verben in Klammern.

Lucas: Salut! Ta famille et toi, vous _____ (être) de Lyon?

Maëlle: Non, nous _____ (être) de Marseille mais nous _____

(habiter) à Lyon.

Lucas: Tu _____ (avoir) des frères et sœurs?

Maëlle: Oui, j'_____ (avoir) un frère. Il _____ (avoir) onze ans.

Lucas: Tes parents _____ (avoir) quel âge?

Maëlle: 45 ans.

Lucas: Vous _____ (avoir) des animaux?

Maëlle: Oui. Nous _____ (avoir) un chien et deux perruches. Mais le chien,

c'_____ (être) le chien de mon frère.

Lucas: Tes copains et tes copines, c'_____ (être) qui?

Maëlle: Sandra et Alexandre. Ils _____ (être) super sympa.

Lucas: Tu _____ (parler) allemand?

Maëlle: Oui, je _____ (parler) un peu allemand.

9 Complète les phrases par *mon/ma/mes*, *ton/ta/tes* ou *son/sa/ses*. | Jules stellt dir seine Familie und seine Freundin vor. Ergänze die Sätze mit *mon*, *ma*, *mes*, *ton*, *ta*, *tes*, *son*, *sa* **oder** *ses*.

_____/12 P.

1. Voilà _____ famille: _____ père,

   _____ mère, _____ sœur et _____ frères.

   Moi, je suis avec _____ perruches. Regarde

   mon frère Luc: il est avec **s** _____ chat.

2. Voilà _____ amie Sandra.

3. Et toi, _____ frères et sœurs s'appellent comment?

4. _____ mère et _____ père ont quel âge?

5. _____ copains s'appellent comment?

> Denke daran, dass sich die Possessiv-pronomen nach dem Nomen richten, vor dem sie stehen!

MÉDIATION | Sprachmittlung

_____/15 P.

10 Les fiches d'identité de deux acteurs de la série GZSZ. | Deine französische Freundin Aude hat sich in Deutschland für die Fernsehserie GZSZ begeistert. Sie bittet dich, ihr die Informationen über beide Schauspieler auf Französisch mitzuteilen. Schreibe in ganzen Sätzen.

_____

_____

_____

_____

_____

Name: Jörn Schlönvoigt 1 P.
Name in „GZSZ": Philipp Höfer 1 P.
(Emilys Bruder) 1 P.
Alter: 25 Jahre 1 P.
Wohnort: Berlin 1 P.
Geschwister: eine Schwester (Chantal) 1 P.
Freundin: Sila Sahin 1 P.
Tiere: eine Katze 1 P.

_____

_____

_____

_____

_____

_____

_____

_____

_____

Name: Anne Menden 1 P.	
Name in „GZSZ": Emily Höfer 1 P.	
Alter: 26 Jahre 1 P.	
Wohnort: Berlin 1 P.	
Geschwister: eine Schwester (Angela) 1 P.	
Tiere: ein Hund und einen Wellensittich 2 P.	

_____

_____

_____

_____

VERSION | Übersetzung

_____/16 P.

Überfliege den Text und wiederhole die Vokabeln, wenn du sie nicht mehr weißt.

11 Traduis les phrases en allemand. | Übersetze die Sätze ins Deutsche.

1. Le père de Théo est prof de sport. 2 P.

_____

2. Il est dans le collège 1 P. et il parle avec ses élèves. 2 P.

_____

_____

3. Ils ont quel âge? 2 P.

_____

4. Ils sont en cinquième, 1 P. alors ils ont treize ans. 2 P.

_____

5. **Le père de Théo:** Vous avez des questions? 2 P. ... Mais un élève chante, c'est qui? 2 P.

_____

6. **Robin:** Zut! C'est ma perruche! 2 P.

_____

12 Felix écrit un mail à son corres Grégoire. | Felix möchte sich seinem französischen Austausch-
partner Grégoire vorstellen. Damit er nichts vergisst, hat er sich Notizen gemacht. Hilf ihm,
seine E-Mail auf Französisch zu verfassen.

I. Felix schreibt eine Anrede. ☐ 1 P.

_____

2. Er schreibt, wie alt er ist. ☐ 2 P.

_____

3. Er erklärt, wo er mit seiner Mutter und

seinen Schwestern wohnt. ☐ 3 P.

_____

_____

• Alter: 13
• Wohnort: Bonn
• Mutter: Martina / Buchhandlung
• Großmutter: wohnt nebenan
• Schwestern: Franziska: 10, Isabell: 14
• Tiere: 1 Katze / 2 Wellensittiche
• Freunde: Philipp und Julian

4. Er schreibt, wo seine Großmutter wohnt. ☐ 2 P.

_____

5. Er schreibt, wie seine Mutter heißt und wo sie arbeitet. ☐ 3 P.

_____

6. Er erklärt, wie seine Schwestern heißen und wie alt sie sind. ☐ 3 P.

_____

7. Er sagt, welche Tiere sie haben. ☐ 3 P.

_____

8. Er schreibt, wie seine Freunde heißen. ☐ 2 P.

_____

9. Er fragt Grégoire, ob er ein bisschen Deutsch spricht. ☐ 2 P.

_____

10. Er verabschiedet sich. ☐ 1 P.

_____

COMPRÉHENSION DE L'ORAL | Hörverstehen

10 Punkte

1 Elle est comment, ta chambre? Écoute la première interview et retrouve la chambre de Théo. | Ein Journalist befragt Jugendliche zu ihren Zimmern. Hör dir das erste Interview an. Welches Bild stellt Théos Zimmer dar?

_____/1 P.

2 Écoute l'interview encore une fois et complète les phrases. | Höre das Interview noch einmal an und vervollständige die Sätze.

_____/3 P.

1. La chambre de Théo est à côté _____.

2. Il y a un ordinateur dans _____.

3. Théo travaille _____ dans sa chambre.

3 Écoute la deuxième interview et coche les bonnes réponses. | Hör dir das zweite Interview an und kreuze die richtigen Antworten an.

_____/6 P.

1. La chambre de Léonie est:
   - a ☐ à côté de la chambre de ses parents.
   - b ☐ entre la chambre de ses parents et la cuisine.
   - c ☐ entre la chambre de ses parents et la salle de bains.

2. Dans la chambre de Léonie, il y a:
   - a ☐ un lit.
   - b ☐ deux lits.

3. Léonie a deux bureaux dans sa chambre.
   - a ☐ Vrai.
   - b ☐ Faux.

4. Dans la chambre de Léonie, il y a:

   a  b  c

5. Le miroir de Léonie est:

   a 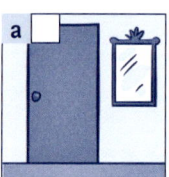 b 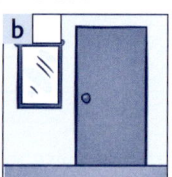 c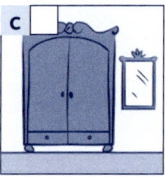

6. Dans sa chambre, Léonie:

   a  b  c

Maëlle Dupas a envoyé des photos de son appartement à sa correspondante Franziska. |
Mäelle Dupas hat ihrer Austauschpartnerin Franziska Bilder ihrer Wohnung geschickt.

C'est ma chambre. Elle est à côté de la chambre d'amis. Regarde: sur l'étagère, il y a une boîte avec des photos de mes copines et même une photo de toi! ☺ Sur le bureau, c'est mon ordinateur mais c'est aussi l'ordinateur de mon frère! ☹ Sur le mur, il y a des posters de Lady Gaga et David Guetta. Je chante souvent devant mon miroir, et toi?

Voilà le salon, entre la cuisine et la chambre de mes parents. Regarde, à gauche, ce sont mes perruches. Elles sont sympa. Maman et Paul sont là aussi. Paul regarde un DVD et maman lit[1] un livre, comme souvent.

La chambre de Paul est à côté de la chambre de mes parents. À droite de son lit, Paul a deux consoles! Son chien Bigorre a un «lit» dans le couloir.

Là, c'est la cuisine. Elle est à côté du salon. Regarde, c'est moi. Je fais la cuisine[2].
La chambre de mes parents est entre le salon et la chambre de Paul. Il y a aussi une «chambre d'amis»: la chambre des amis de la famille, des cousins, des cousines, etc. Alors, la chambre d'amis est aussi ta chambre. Elle est entre la salle de bains et ma chambre.
Et la salle de bains est entre la chambre d'amis et la cuisine.

1 **il/elle lit** er/sie liest   2 **je fais la cuisine** ich koche

4   Lis le texte. Quel plan représente l'appartement des Dupas? | _____/1 P.
Lies den Text und vergleiche ihn mit folgenden Grundrissen. Welcher ist
der Grundriss von der Wohnung der Familie Dupas? Kreuze ihn an.

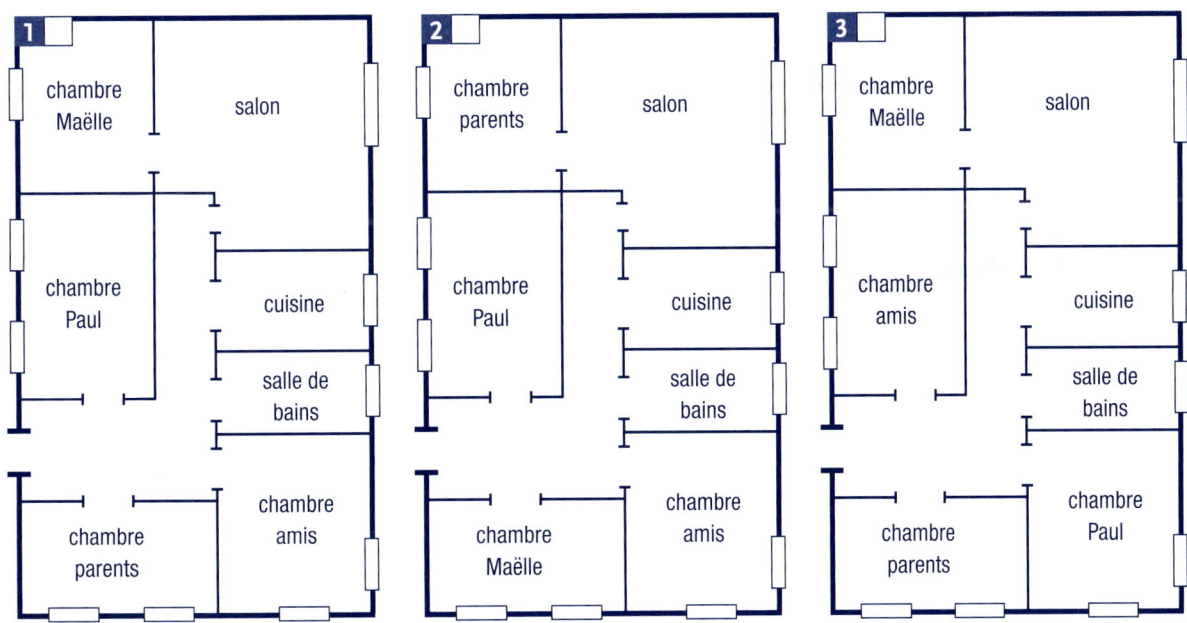

5 Relis le texte. Coche la bonne réponse et justifie par une phrase du texte. | Lies den Text noch einmal und kreuze die richtige Antwort an. Begründe deine Antwort mit einem Satz aus dem Text.

_____/12 P.
(= 6 x 2 P.)

	Vrai	Faux

1. Paul a un ordinateur dans sa chambre. ☐ ☐

Justification[1]: _____

2. Le chien de Monsieur Dupas s'appelle Bigorre. ☐ ☐

Justification: _____

3. Maëlle a des photos de Franziska et de ses copines dans sa chambre. ☐ ☐

Justification: _____

_____

4. Franziska va dormir[2] dans la chambre de Maëlle. ☐ ☐

Justification: _____

5. Madame Dupas lit souvent des livres. ☐ ☐

Justification: _____

6. La console de Paul est dans le salon. ☐ ☐

Justification: _____

1 **la justification** die Begründung
2 **va dormir** wird übernachten

VOCABULAIRE | Wortschatz

29 Punkte

6 Relie les mots qui vont ensemble. | Verbinde die zusammenpassenden Wörter.

_____/7 P.

la porte **1**   **a** l'âge

le bureau **2**   **b** le DVD

la médiathèque **3**   **c** le sac de sport

le stade **4**   **d** la clé

le nom **5**   **e** le fils

le métro **6**   **f** l'ordinateur

la fille **7**   **g** le bus

Ordne Vokabeln in Wortpaaren. So merkst du sie dir besser!

7 Regarde les images et complète les phrases. |
Schau dir die Bilder an und vervollständige die Sätze.

Francis est ▇▇▇▇▇▇▇ la porte.

Francis est ▇▇▇▇▇ l'▇▇▇▇▇▇ .

Francis est ▇▇▇▇▇ la ▇▇▇▇▇ .

Francis est ▇▇▇▇▇ les ordinateurs.

Francis est ▇▇▇▇▇▇

▇▇▇▇▇▇ ordinateur.

Francis est ▇▇▇▇▇▇ le

▇▇▇▇▇▇ .

8 Complète les champs lexicaux. | Ergänze die Wortfelder.

1. une a _ _ _ _ _ _ _ + un l _ _ + un bu _ _ _ _ _ + une ch _ _ _ _ _
   ➜ des meubles* dans une chambre

2. la gr _ _ _ _ - _ _ _ _ _ + le _ _ _ _ _ _ - p _ _ _ + les pa _ _ _ _ _ _ + les en _ _ _ _ _ _
   ➜ la famille

3. la c _ _ _ _ _ _ _ + le s _ _ _ _ _ + la s _ _ _ _ _ de _ _ _ _ _ _ + le c _ _ _ _ _ _ r
   ➜ l'appartement

* **le meuble** das Möbel

9   Complète les phrases par la bonne forme verbale. |
Vervollständige die Sätze mit der richtigen Verbform.

_____/10 P.

David: Papa, Grégoire _____ est / es dans sa chambre?

Le père: Non, il est chez son copain Thomas. Tu _____ a / as une question?

David: Oui, je _____ cherchent / cherche mes mangas.

Le père: Ils _____ ont / sont sur ton bureau, comme toujours ... Grégoire et toi,

vous _____ avez / avons cours à neuf heures demain*?

David: Oui.

Le père: Et toi, tu _____ rentre / rentres à cinq heures?

David: Oui, comme toujours!

Le père: Alors demain, nous _____ mangeons / mangons à sept heures. Après, je

_____ es / suis au club de foot.

David: Ok.

Le père: On _____ regardent / regarde un film ensemble?

David: Oui, super! J'_____ ai / a un film dans mon sac.

*   **demain** morgen

10   Complète les phrases par *du, de l', de la* ou *des*. | Ergänze die Sätze mit
du, de l', de la oder *des*.

_____/7 P.

Chez les Fleurot, les chambres _____ garçons sont

entre le salon et la cuisine.

La chambre de Lucas est à côté _____ chambre de Théo.

Dans la chambre de Lucas, il y a une armoire. À côté

_____ armoire, il y a le lit, et à côté _____ lit, il y a

le lit _____ chien! À droite _____ porte, il y a le

VTT de Lucas, et à gauche _____ étagères, il y a un bureau, une chaise, des livres et, bien sûr,

une console.

Weißt du noch?
de + le = du
de + les = des

11 Trouve la question qui correspond à la réponse. | Bei den Dupas haben alle Fragen. Finde die passende Frage zur angegebenen Antwort.

____/8 P.

1. **Maëlle:** _____ ? 2 P.
   Paul: Ton livre? Il est sur le bureau.

2. **Madame Dupas:** _____ ? 1 P.
   Monsieur Dupas: Les clés? Elles sont dans le salon.

3. **Maëlle:** _____ dans la salle de bains? 1 P.
   Madame Dupas: Papa.

4. **Paul:** _____ ? 2 P.
   Monsieur Dupas: Maman? Elle regarde un film avec Brad Pitt.

5. **Paul:** _____ ? 2 P.
   Maëlle: Sous mon lit? Il y a une boîte avec des photos.

12 Complète les phrases par les verbes suivants à l'impératif. | Vervollständige die Sätze mit folgenden Verben. Verwende dabei den Imperativ.

____/5 P.

| dépêcher | manger | ranger | regarder (2x) |

1 _____, c'est bon!

2 Les garçons, _____ la chambre!

3 Jules, _____-toi!

4 _____, c'est Julian, mon copain de Berlin.

5 _____ le texte ensemble!

Unité 5 33

_____/15 P.

13 Dans une auberge de jeunesse, tu aides un groupe français. | Du bist in einer Jugendherberge in Stuttgart. Dort triffst du eine Gruppe von französischen Jugendlichen, die kein Deutsch versteht. Schau dir den Grundriss an und beantworte ihre Fragen auf Französisch. Schreibe in ganzen Sätzen.

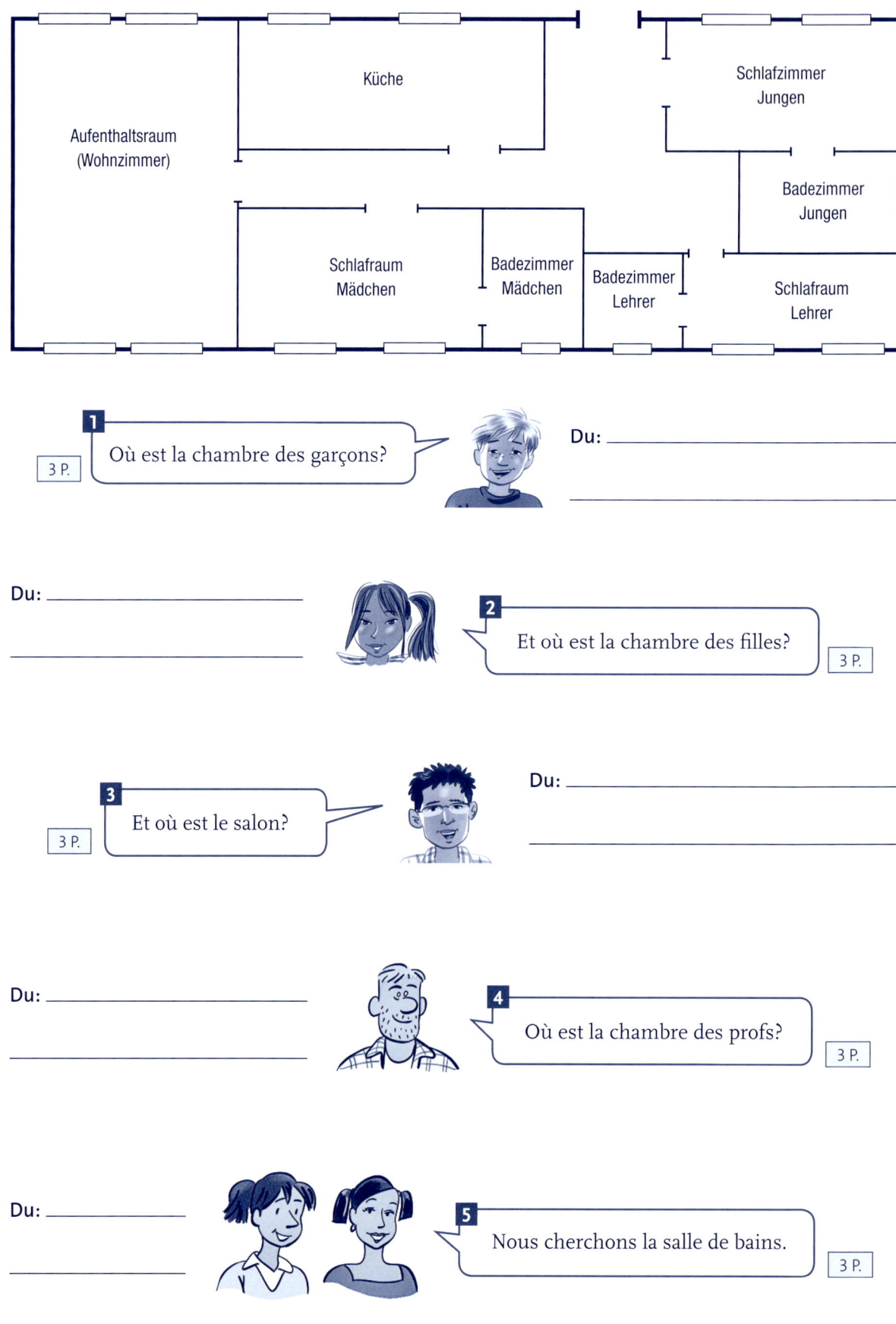

1 Où est la chambre des garçons?

3 P.

Du: _____

_____

Du: _____

_____

2 Et où est la chambre des filles?

3 P.

3 Et où est le salon?

3 P.

Du: _____

_____

Du: _____

_____

4 Où est la chambre des profs?

3 P.

Du: _____

_____

5 Nous cherchons la salle de bains.

3 P.

14 Traduis les phrases en allemand. | Übersetze die Sätze ins Deutsche.

1. Lucas est dans sa chambre devant sa console. 2 P.

_____

2. **Monsieur Fleurot:** Lucas, dépêche-toi. 1 P. Tu as cours à neuf heures*. 2 P.

_____

3. **Lucas:** Papa, où est ma clé? 1 P.

_____

4. **Monsieur Fleurot:** Tu cherches toujours ta clé. 2 P. Regarde dans ton sac de sport. 2 P.

_____

5. **Lucas:** Où est mon sac de sport? 1 P.

_____

6. **Monsieur Fleurot:** Dans le couloir, comme toujours. 2 P.

_____

7. **Théo:** Lucas, regarde. 1 P. Ta clé est derrière la boîte sur l'étagère. 2 P.

_____

* **à neuf heures** um 9 Uhr

15 Laurine envoie un mail avec une photo de sa chambre à sa copine. | Laurine schickt ihrer Freundin Pauline eine E-Mail mit einem Foto ihres Zimmers. Schreibe die E-Mail für sie.

1. Laurine begrüßt Pauline und fragt, wie es ihr geht. 2 P.

_____

2. Sie weist auf das Foto von ihrem Zimmer hin. 2 P.

_____

3. Sie schreibt, dass sie mit ihrer Schwester Camille ein Zimmer hat. 2 P.

_____

4. Sie fügt hinzu, dass sie oft auf ihrem Bett zusammen sprechen. 2 P.

_____

5. Sie beschreibt, wo sich die Tasche, der MP3-Player, der Spiegel, das Poster, der Computer, die Mangas und die Katze befinden. Sie bezieht sich dabei auf das Bild (unten). 7 P.

_____

_____

_____

_____

6. Sie fragt, was (wohl) in der Schachtel unter dem Schrank ist. 3 P.

_____

7. Sie sagt, dass es Fotos von ihren Freunden sind. 2 P.

_____

8. Sie fragt, was es (alles) in Paulines Zimmer gibt. 2 P.

_____

9. Sie verabschiedet sich. 1 P.

_____

Lies deinen Text noch einmal durch: Hast du den Artikel verkürzt, wo es nötig war? z.B.: „l'armoire"

Mündliche Klassenarbeit (nach Unité 5)

Eine Klassenarbeit im Schuljahr ist häufig eine mündliche. Sie gliedert sich in drei Teile.

◼ PRÉSENTE-TOI | Stelle dich vor (1–2 Minuten)

Nenne deinen Namen, dein Alter, deinen Wohnort, deine Adresse.
Stelle deine Familie vor und sprich über deine Haustiere.
Hier helfen dir folgende Wörter und Wendungen.

Je m'appelle ____.
J'ai ____ ans.
J'habite à ____.
Mon adresse est ____.
J'ai ____ sœur/s. | J'ai ____ frère/s.

Mon frère | Ma sœur | Mon père | Ma mère s'appelle ____ et a ____ ans.
Il/Elle a ____ ans.
Il/Elle parle bien | parle un peu allemand | français.

J'ai un chien | un chat | un cochon d'Inde | une perruche | ____.
Il/Elle s'appelle ____.
Je n'ai pas d'animal.

Je parle bien | un peu français | allemand.

◼ MONOLOGUE SUIVI | Kurzvortrag (2 Minuten)

Im Folgenden findest du mehrere in diesem Schuljahr bearbeitete Themen. Die bei jedem Thema an-
gegebenen Wörter und Wendungen helfen dir bei deinem Kurzvortrag. Natürlich musst du nur über
ein Thema sprechen. Es kann sein, dass es dafür eine kurze Vorbereitungszeit gibt.

Mit den „Mots pour le dire" im Französischbuch
(Seiten 145–150) kannst du dich bereits nach
jeder Unité auf diese Kurzvorträge vorbereiten!

1 Présente ton quartier | Stelle dein Viertel vor

J'habite à ____.
C'est près de ____.
Mon quartier s'appelle ____.

Dans mon quartier, il y a ... | un supermarché | un cinéma | un hôtel | une librairie | un cybercafé | une boulangerie | un parc | un club de foot | un collège | un stade | une médiathèque | un roller parc | ____.

Mon ami/e habite dans mon quartier | dans ma rue | ____.
Mes amis habitent dans mon quartier | dans ma rue | ____.

2 Présente ton ami/e | Stelle deinen Freund / deine Freundin vor

Mon ami/e s'appelle ____.
Il/Elle a ____ ans.
Il/Elle est dans ma classe. | Il/Elle est dans la classe de ____.
Il/Elle habite à (*Ortsname*) | dans mon quartier | dans ma rue | ____.

Il/Elle a un frère | une sœur.
Il/Elle s'appelle ____ et a ____ ans.
Ils/Elles s'appellent ____ et ont ____ ans.

Il/Elle est en sixième | cinquième.

Il/Elle parle bien | parle un peu français | allemand.

Il/Elle a un chien | un chat | un cochon d'Inde | une perruche | un cheval | ____.

3 Présente ta chambre | Stelle dein Zimmer vor

J'habite dans une maison | un appartement | ____.

Ma chambre est à côté | à gauche | à droite de la | du ____.
Ma chambre est entre la cuisine et la chambre des parents.

Dans ma chambre, il y a mon lit | une armoire | un bureau | une chaise | des étagères | ____.

à côté de ____ | à droite de ____ | à gauche de ____ | entre ____ et ____ | devant ____ | derrière ____ | sur ____ | sous ____, il y a ... | mon ordinateur | des livres | mon lecteur mp3 | ma console | un miroir | un poster | une boîte avec des photos | mon sac de sport | ____.

Ma chambre est super.

JEU DE RÔLES / ÉCHANGE D'INFORMATIONS | Rollenspiel/Informationsaustausch (jeweils 2 Minuten)

Dieser Teil der mündlichen Klassenarbeit besteht entweder aus einem Rollenspiel oder einem Informationsaustausch.

Jeu de rôles | Rollenspiel

Das Rollenspiel machst du entweder mit einem Mitschüler / einer Mitschülerin oder mit deinem Lehrer / deiner Lehrerin.
Du findest hier vier Sprechsituationen mit Wörtern und Wendungen, die dir bei deinem Rollenspiel helfen.
Natürlich musst du in der Klassenarbeit nur ein Rollenspiel machen. Es kann sein, dass es dafür eine kurze Vorbereitungszeit gibt.
Im Lösungsheft findest du Musterlösungen zu den Jeux de rôles.

> Mit den Trainingskärtchen „En situation" (Seiten 46 bis 48) und „Les mots pour le dire" in deinem Buch (Seiten 145 bis 150) kannst du dich bereits nach jeder Unité auf Rollenspiele vorbereiten!

1 **C'est qui? (ab Unité 2)**
C'est la rentrée. Dans la cour il y a tes amis/amies, mais aussi des nouveaux élèves. Présentez-vous. | Es ist der erste Schultag. Auf dem Schulhof sind deine Freundinnen und Freunde, aber auch einige neue Schüler. Stellt euch gegenseitig vor.

Wendungen
- Salut, ...!
- Ça va?
- Voilà, c'est ...
- La fille/le garçon, c'est qui?

- Moi, c'est ...
- Je m'appelle ...
- Tu es en sixième/cinqième?
- Moi, je suis en ...
- Je suis dans la classe de ...

- Super!
- Ça va. Et toi?
- Bof!
- Il est l'ami de
- Elle est l'amie de ...

- Oui, je suis en ...
- Non, je suis en ... Et toi?

2 On rentre ensemble? (ab Unité 3)

Après le collège tu rentres avec ton copain / ta copine. Il/Elle habite où? Parlez de vos quartiers. | Nach der Schule gehst du mit deinem Freund / deiner Freundin nach Hause. Wo wohnt er/sie? Sprecht über eure Viertel.

Wörter
- le quartier
- le parc
- le roller parc
- le club de foot
- le stade
- la médiathèque
- le collège

- chercher une librairie
- passer par le supermarché
- le cinéma
- le cybercafé
- la boulangerie
- rentrer à pied

Wendungen
- Tu habites où?

- Je cherche (une médiathèque).
- Il y a ... dans le quartier?

- Il y a aussi (une librairie) à ...?
- C'est où?

- J'habite (à) ...
- C'est près de ... Et tu habites où?
- Dans le quartier il y a ...
- Il y a aussi ...
- Il y a même ...
- (La librairie) est entre ... et ...
- (La librairie?) C'est à coté.

3 Ma famille (ab Unité 4)

Ton copain / Ta copine et toi, vous regardez des photos de famille. Parlez des personnes sur les photos. | Du schaust mit deinem Freund / deiner Freundin Familienfotos an. Unterhaltet euch über die Personen auf den Fotos.

Wörter
- mon père
- ma mère
- mon frère
- ma sœur
- ma grand-mère
- mon grand-père
- mes grands-parents

- le chien
- le chat
- le cochon d'Inde
- la perruche
- la tortue
- l'hamster
- travailler: dans une librairie / dans un supermarché / dans un hôtel ...

Wendungen

- C'est ton père / ta mère?
- Il/Elle s'appelle comment?

- Tu as des frères et des sœurs?
- Il/Elle a quel âge?
- Ce sont tes grands-parents?

- Tu as des animaux?

- C'est mon/ma ...
- Il/Elle s'appelle ...
- Il/Elle est ...
- Il/Elle travaille dans ...
- J'ai un frère / une sœur.
- Il/Elle a ... ans.
- Oui, ce sont mes ...
- Ce sont les parents de ...
- J'ai un/une ...
- J'ai deux animaux.

4 **Dans ma chambre (ab Unité 5)**

Après le collège tu rentres à la maison avec ton copain / ta copine. Montre lui votre appartement et ta chambre. | Nach der Schule nimmst du deinen Freund / deine Freundin mit zu dir nach Hause. Zeige ihm/ihr eure Wohnung und dein Zimmer.

Wörter

- ma chambre
- le salon
- la chambre des parents
- la chambre des amis
- la cuisine
- la salle de bains
- le couloir
- la table
- la porte
- le lit

- l'étagère
- l'armoire
- le bureau
- l'ordinateur
- le livre
- les mangas
- la boîte avec des photos
- le lecteur mp3
- la console
- le poster

Wendungen

- Voilà, notre appartement/maison.
- Ça c'est le/la ...
- À gauche / À droite, il y a ...
- Derrière/Devant ... il y a ...
- Sous/Sur ... il y a ...

- Où est ...? / Où sont ...?
- Elle est entre ... et ...
- Qu'est-ce qu'il y a dans ta chambre?
- Dans ma chambre il y a ...
- J'ai (un ordinateur)
- Mais, où est (la boîte avec les photos)?

Den Informationsaustausch führst du mit einem Mitschüler / einer Mitschülerin durch. Dafür ziehst du in der mündlichen Klassenarbeit Zettel mit Stichwörtern. Dein/e Lehrer/in legt fest, wie viele Stichwörter du ziehen musst. Bei diesem Prüfungsteil gibt es in der Regel keine Vorbereitungszeit.
Du findest hier mehrere Stichwörter, zu denen du deinem Partner / deiner Partnerin Fragen stellst. Natürlich musst du auch seine/ihre Fragen beantworten.
Bei den meisten Stichwörtern gibt es mehrere Möglichkeiten der Fragestellung.

Beispiele:

ranger?   → – Tu ranges ta chambre? / – Qui range ta chambre?
animal/animaux? → – Tu as des animaux? / – Il/Elle s'appelle comment?

Stichwörter:

nom? (ab Unité 1)	cinquième? (ab Unité 2)	quartier? (ab Unité 3)	habiter? (ab Unité 3)
où? (ab Unité 3)	âge? (ab Unité 4)	frères et sœurs? (ab Unité 4)	travailler? (ab Unité 4)
français? (ab Unité 4)	animal/animaux? (ab Unité 4)	chambre? (ab Unité 5)	maison? (ab Unité 5)
la salle de bains? (ab Unité 5)	qui? (ab Unité 5)	ranger? (ab Unité 5)	à côté du bureau? (ab Unité 5)

Mit den Trainingskarten „32 questions pour un champion" (Seiten 49 bis 52) kannst du dich bereits ab der Unité 3 auf diese Fragen vorbereiten!

Annexe

■ ORTHOGRAPHE | Rechtschreibtraining

Die Punktzahlen dienen dir zur Selbsteinschätzung deiner Rechtschreibung und gehen nicht in die Gesamtbewertung der einzelnen Klassenarbeiten ein.

Nach Unité 2

1 Complète par *Ç, ç, é, è, ê, à* oder ´. | Vervollständige mit *Ç, ç, é, è, ê, à* oder ´.

_____/7 P.
(= 14 x 0,5 P.)

1. C__est la rentr__e. __a va, les __l__ves?

2. Nous sommes __ Levallois. Voil__ le

   coll__ge Jean Jaur__s.

Schreibe Wörter, die dir Schwierigkeiten machen, mehrere Male.

3. Je m__appelle Laurine. Et toi, tu t__appelles comment?

4. Les gar__ons sont dans la cour. Vous __tes en sixi__me?

Nach Unité 3

2 Remets les lettres dans l'ordre pour former des nombres. | Bilde die Zahlwörter von 1 bis 10, indem du die Buchstaben in die richtige Reihenfolge bringst.

_____/10 P.

1. nqci → _____

2. sirto → _____

3. xdi → _____

4. tpse → _____

5. nu → _____

6. autrqe → _____

7. ituh –› _____

8. uxde → _____

9. ufne → _____

10. xis → _____

3 Écris les nombres en français. | Schreibe die Zahlen auf Französisch auf.

_____/10 P.

1 _____

2 _____

3 _____

4 _____

5 _____

6 _____

7 _____

8 _____

9 _____

10 _____

4 Corrige le texte de Maëlle: rajoute les accents. | Maëlle schreibt ihrer deutschen Brieffreundin Franziska eine erste Nachricht. Doch vor lauter Aufregung vergisst sie, die Akzente zu setzen. Korrigiere ihren Text.

_____ / 8 P.
(= 16 x 0,5 P.)

> Salut Franziska,
> Tu habites a Kempten? C'est ou?
> Tu as quel age? Tu as des freres et sœurs?
> Moi, j'habite pres d'un parc. Mon ecole est a cote.
> Je suis eleve en cinquieme au college Jean Rostand.
> Mes copains et moi, nous rentrons toujours ensemble –
> a pied, bien sur!
> A plus,
> Maëlle

Du kannst nach der Verbesserung den gesamten Text noch einmal abschreiben. So übst du die Akzente noch besser!

5 Complète la liste des nombres. | Vervollständige die Zahlenreihe von 1 bis 20.

_____ / 10 P.

_____ – deux – _____ – quatre – _____ – six – _____ – huit – _____

– dix – _____ – douze – _____ – quatorze – _____ – seize – _____

– dix-huit – _____ – vingt

1 2 3 4 5 6 7 8 9 10

6 Écoute le texte et complète-le. Fais attention à l'orthographe. | Hör dir den Text an und ergänze die Sätze. Achte auf die Rechtschreibung.

_____ / 14 P.

_____ Paul cherche?

Paul, le _____ de Maëlle, _____ dans sa chambre. Il _____ ses clés. Il a

_____ à neuf _____. Il regarde à _____ et à _____, dans son

sac de sport _____ la porte, _____ ses mangas.

Sa mère: _____, Paul!

Alors, Paul regarde sur son _____. _____ clés sont _____!

LES CLÉS POUR PARLER

Fällt es dir schwer, ganze Sätze zu bilden sowie Fragen und Antworten zu formulieren? Dann werden folgende Trainingskarten „En situation" und „32 questions pour un champion" sehr hilfreich für dich sein.

En Situation

Mit dem Kommunikationstrainer kannst du nach jeder Unité „Comment est-ce qu'on dit" üben und dich auf mündliche Leistungsmessungen wie z. B. Klassenarbeiten vorbereiten. Die Lösungen findest du auch auf der CD (Tracks 7 bis 10), damit du deine Aussprache verbessern kannst.
Doch bevor du übst, musst du ein wenig basteln.

Herstellen des Kommunikationstrainers:

Die Vorlagen zum Ausschneiden findest du auf den Seiten 53 und 55. Du kannst sie direkt ausschneiden oder sie dir auf dünnen Tonkarton kopieren lassen.

Wenn du deinen Kommunikationstrainer verloren hast, kannst du die Bastelvorlage (aus dem Lösungsheft) im Internet herunterladen.

1. Schneide die Vorder- (Seite 53) und Rückseite (Seite 55) des Kommunikationstrainers entlang der gestrichelten Linien aus. Lege den schmalen Streifen mit dem aufgedruckten D und E zur Seite.
2. Falte die grauen Laschen A, B und C der Vorderseite entlang der durchgezogenen Linien nach hinten.
3. Klebe diese grauen Laschen mit Klebstoff auf die weißen Streifen A, B, C der Rückseitenvorlage, sodass du einen Umschlag erhältst.
4. Du bist gleich fertig! Falte die grauen Laschen D und E des schmalen Streifens entlang der durchgezogenen Linien.
   Klebe diese grauen Laschen dann auf die weißen Streifen D und E des Kommunikationstrainers, damit ein Sichtfenster entsteht. Geschafft? Viel Spaß!!

Übe mit dem Kommunikationstrainer

Auf den Seiten 46 bis 48 findest du Trainingskarten für die jeweilige Unité. Schneide sie aus. Schiebe eine Trainingskarte in den Kommunikationstrainer. Im Sichtfenster erscheint der erste Impuls, auf den du reagieren sollst. Wenn du die Trainingskarte ein Stück herausziehst, erscheint im Sichtfenster die Lösung, damit du dich selbst kontrollieren kannst.

Partnerarbeit:

Du kannst auf die gleiche Art und Weise mit einem Partner / einer Partnerin üben. Lies ihm/ihr die Impulse vor und überprüfe seine/ihre Antwort mit Hilfe der Lösung, die du ins Sichtfenster ziehst.

32 questions pour un champion

Übe ab Unité 3 auf Fragen zu den Themen „Deine Familie und dein Zuhause" und „Deine Schule und deine Hobbys" zu antworten. Auf den Seiten 49 bis 52 findest du 32 Fragen, die auf Kärtchen gedruckt sind. Auf der Rückseite der Kärtchen findest du jeweils ein Lösungsbeispiel, damit du dich selbst kontrollieren kannst.
Die Fragen kannst du dir auch auf der CD anhören (Tracks 11 und 12), damit du deine Aussprache korrigieren und verbessern kannst.
Schneide die Kärtchen auf den Seiten 49 + 50 und 51 + 52 aus und bewahre sie in einem Briefumschlag auf.
Du kannst alleine oder zu zweit üben. Wer bekommt die meisten Punkte?

Wiederhole diese Fragen und Antworten immer wieder!

EN SITUATION	EN SITUATION
🎧7 | Unités 1/2: À l'école	🎧8 | Unité 3: À Levallois
1 Begrüße deinen Lehrer.	**1** Ein Mann fragt dich, wo du wohnst.
(Bonjour, monsieur!)	(Tu habites où?)
2 Begrüße deinen Freund und frage, wie es ihm geht.	**2** Antworte, dass du aus Levallois kommst.
(Salut, ça va?)	(Je suis de Levallois.)
3 Er antwortet, dass es ihm gut geht.	**3** Sage, dass Levallois in der Nähe von Paris ist.
(Ça va.)	(Levallois est près de Paris.)
4 Frage einen Mitschüler nach seinem Namen.	**4** Sage, dass ihr in der Parkstrasse wohnt.
(Tu t'appelles comment?)	(Nous habitons rue du Parc.)
5 Er sagt, dass er Jules heißt.	**5** Sage, dass es in Levallois die Métro und die Seine gibt.
(Je m'appelle Jules.)	(À Levallois, il y a le métro et la Seine.)
6 Dein Freund fragt, wer das Mädchen ist.	**6** Sage, dass es sogar eine bemalte Wand gibt.
(La fille, c'est qui?)	(Il y a même un mur peint.)
7 Sage, dass du es nicht weißt.	**7** Sage, dass ihr daneben wohnt.
(Je ne sais pas.)	(Nous habitons à côté.)
8 Sage, dass das Louise ist.	**8** Eine Frau fragt dich, wo das Stadion ist.
(C'est Louise.)	(Le stade, c'est où?)
9 Sage, dass sie die Freundin von Laurine ist.	**9** Antworte, dass sich das Stadion zwischen zwei Hochhäusern befindet.
(C'est l'amie de Laurine.)	(Le stade est entre deux tours.)
10 Sage, dass sie die Schwester von Tom ist.	**10** Frage sie, was sie anschaut.
(C'est la sœur de Tom.)	(Qu'est-ce que vous regardez, madame?)
11 Frage Jules, ob er in der 6A ist.	**11** Sie sagt, dass sie den Eiffelturm auf der bemalten Wand anschaut.
(Tu es en sixième A?)	(Je regarde la tour Eiffel sur le mur peint.)
12 Er verneint und sagt, dass er in der 6B ist.	**12** Sie fragt dich, was es in Levallois gibt.
(Non. Je suis en sixième B.)	(Qu'est-ce qu'il y a à Levallois?)

EN SITUATION	EN SITUATION
🎧9 | Unité 4: Ma famille	🎧9 | Unité 4 : Ma famille
1 Stelle deinem französischen Brieffreund deine Familie vor	**13** Frage deinen Brieffreund, ob er Deutsch spricht.
(Voilà ma famille.)	(Tu parles allemand?)
2 Sage, wie dein Vater / deine Mutter heißt	**14** Sage, dass deine Großeltern in Deutschland wohnen.
(Mon père s'apelle _____. / Ma mère s'apelle _____.)	(Mes grands-parents habitent en Allemagne.)
3 Sage, dass dein Vater Lehrer ist.	**15** Frage, ob seine Großeltern in Levallois wohnen.
(Mon père est prof.)	(Tes grand-parents habitent à Levallois?)
4 Sage, dass deine Mutter in einem Supermarkt arbeitet.	**16** Frage, wo er herkommt.
(Ma mère travaille dans un supermarché.)	(Tu es d'où?)
5 Sage, dass du 13 Jahre alt bist.	**17** Frage deinen Brieffreund, ob er Geschwister hat.
(J'ai treize ans.)	(Tu as des frères et sœurs?)
6 Sage, dass du in die 7. Klasse (wörtlich in die 5. Klasse) gehst.	**18** Frage, wie alt sie sind.
(Je suis en cinquième.)	(Ils ont quel âge?)
7 Sage, dass du einen Bruder hast.	**19** Frage deinen Brieffreund, wie seine Geschwister heißen.
(J'ai un frère.)	(Ton frère / Ta soeur s'appelle comment?)
8 Sage, dass dein Bruder 15 Jahre alt ist.	**20** Frage ihn, wo seine Eltern arbeiten.
(Mon frère a 15 ans.)	(Tes parents travaillent où?)
9 Sage, dass er gut Französisch spricht.	**21** Frage, ob sie Tiere haben.
(Il parle bien français.)	(Vous avez des animaux?)
10 Sage, dass ihr Tiere habt: zwei Meerschweinchen und einen Hund.	**22** Frage, ob es in Levallois eine U-Bahn gibt.
(Nous avons des animaux: deux cochons d'Inde et un chien.)	(Il y a un métro à Levallois?)
11 Sage, dass dein Hund Pluto heißt.	**23** Frage deinen Brieffreund, ob er Fragen hat.
(Mon chien s'appelle Pluto.)	(Tu as des questions?)
12 Sage, dass du ein bisschen Französisch sprichst.	**24** Verabschiede dich.
(Je parle un peu français.)	(À plus.)

EN SITUATION	EN SITUATION
🎧10 | **Unité 5: Chez moi**	🎧10 | **Unité 5: Chez moi**
1 Frage, wo deine Sporttasche ist.	**13** Sage, dass es in deinem Zimmer ein Bett, einen Schrank und einen Schreibtisch gibt.
(Où est mon sac de sport?)	(Dans ma chambre, il y a un lit, une armoire et un bureau.)
2 Sage deinem Bruder, dass er immer seine Sporttasche sucht.	**14** Sage, dass dein Mountainbike hinter der Tür steht.
(Tu cherches toujours ton sac de sport.)	(Mon VTT est derrière la porte.)
3 Deine Mutter fordert dich auf, unter deinem Bett nachzuschauen.	**15** Sage, dass neben dem Schrank ein Spiegel ist.
(Regarde sous ton lit!)	(Il y a un miroir à côté de l'armoire.)
4 Frage, wer im Badezimmer ist.	**16** Sage, dass du oft vor dem Spiegel stehst.
(Qui est dans la salle de bains?)	(Je suis souvent devant le miroir.)
5 Sage deinem Bruder, dass er sich beeilen soll.	**17** Sage, dass an der Wand ein Bild von deinem Fußballverein hängt.
(Dépêche-toi!)	(Sur le mur, il y a une photo de mon club de foot.)
6 Sage deinem Bruder, dass er dich nervt.	**18** Sage, dass in der Kiste deine Fotos sind.
(Tu m'énerves!)	(Dans la boîte, il y a mes photos.)
7 Deine Mutter fordert dich und deinen Bruder auf, Eure Brote zu essen.	**19** Sage, dass deine Bücher auf dem Regal rechts stehen.
(Mangez les tartines!)	(Mes livres sont sur l'étagère, à droite.)
8 Sage, dass dein Zimmer links von der Küche ist.	**20** Sage, dass in deinem Zimmer zwei Schreibtische stehen.
(Ma chambre est à gauche de la cuisine.)	(Dans ma chambre, il y a deux bureaux.)
9 Sage, dass dein Zimmer toll ist.	**21** Sage, dass es einen Computer auf deinem Schreibtisch gibt.
(Ma chambre, c'est super!)	(Il y a un ordinateur sur mon bureau.)
10 Sage, dass du ein Zimmer mit deinem Bruder hast.	**22** Dein Freund / Deine Freundin holt dich ab. Begrüße ihn/sie und frage, wie es geht.
(J'ai une chambre avec mon frère.)	(Salut! Ça va?)
11 Sage, dass ein Zimmer mit deinem Bruder furchtbar ist.	**23** Frage, wo Sylvie (eine andere Freundin) ist.
(Une chambre avec mon frère. C'est l'horreur!)	(Où est Sylvie?)
12 Deine Mutter fordert dich auf, dein Zimmer aufzuräumen.	**24** Sage, dass du um neun Uhr Schule hast und frage, wann dein Freund / deine Freundin beginnt.
(Range ta chambre!)	(J'ai cours à neuf heures. Et toi?)

32 QUESTIONS POUR UN CHAMPION

1 Tu t'appelles comment?

9 Où travaille ta mère?

2 Tu as quel âge?

10 Où travaille ton père?

3 Tu habites où?

11 Qui habite avec toi?

4 (Immenstadt), c'est où?

12 Où est ta chambre?

5 Qu'est-ce qu'il y a à (Immenstadt)?

13 Qu'est-ce qu'il y a dans ta chambre?

6 Tu as des frères et des sœurs?

14 Où sont les livres?

7 Tu as des animaux?

15 Où est ton lit?

8 Tu parles français?

16 Où est la salle de bains?

32 QUESTIONS POUR UN CHAMPION

🎧 11 | Ta famille et ton chez-toi

Beispiellösung:

Elle travaille dans (une librairie).

Beispiellösung:

Je m'appelle (Daniela).

Beispiellösung:

Il travaille dans (un supermarché).

Beispiellösung:

J'ai (12) ans.

Beispiellösung:

J'habite avec (ma mère et mes deux frères).

Beispiellösung:

J'habite à (Immenstadt).

Beispiellösung:

Ma chambre est à côté de (la cuisine).

Beispiellösung:

C'est près de (Kempten).

Beispiellösung:

Il y a un lit, (une armoire et un bureau).

Beispiellösung:

Il y a (des supermarchés, des hôtels et un cinéma).

Beispiellösung:

Mes livres sont sur l'étagère.

Beispiellösung:

Oui j'ai un frère et une sœur.

Beispiellösung:

Mon lit est à droite, derrière la porte.

Beispiellösung:

Oui, j'ai un cochon d'Inde.

Beispiellösung:

La salle de bains est entre le salon et la cuisine.

Beispiellösung:

Je parle un peu français.

32 QUESTIONS POUR UN CHAMPION

🎧 12 | Ton collège et tes hobbys

1 Comment s'appelle ton collège?

2 Où est ton collège?

3 Qu'est-ce qu'il y a dans ton collège?

4 Tu es en sixième ou en cinquième?

5 Vous parlez français en classe?

6 Il y a des affiches de Paris dans votre salle de classe?

7 Il y a tes copains et tes copines dans ta classe?

8 Tes profs sont sympa?

9 Comment est-ce qu'on dit «Ich verstehe nicht» en français?

10 Qu'est-ce que tu fais après le collège?

11 Tu rentres souvent avec ton copain / ta copine?

12 Tu aimes le sport?

13 Tu adores la musique de _____ ?

14 Qu'est-ce que tu aimes?

15 Qu'est-ce que tu n'aimes pas?

16 Tu as des animaux?

32 QUESTIONS POUR UN CHAMPION

🎧 12 | Ton collège et tes hobbys

Beispiellösung:

Je ne comprends pas.

Beispiellösung:

Mon collège s'appelle (Anna-Essinger-Realschule).

Beispiellösung:

Après le collège, je (mange et je fais mes devoirs).

Beispiellösung:

Mon collège est à (Ulm).

Beispiellösung:

Oui, je rentre souvent avec mon copain / ma copine.

Beispiellösung:

Dans mon collège, il y a (des salles de classe, des tableaux, une cour).

Beispiellösung:

Oui, j'aime le ski.

Beispiellösung:

Je suis en cinquième.

Beispiellösung:

Non, je déteste la musique de ＿＿＿.

Beispiellösung:

Oui, nous parlons français en classe.

Beispiellösung:

J'adore les animaux.

Beispiellösung:

Oui, il y a une affiche de (la tour Eiffel) dans la classe.

Beispiellösung:

Je n'aime pas le foot.

Beispiellösung:

Oui, mon copain / ma copine est dans ma classe.

Beispiellösung:

Oui, j'ai un perroquet.

Beispiellösung:

Oui, ils sont très sympa.

Vorderseite des Kommunikationstrainers

D   **E**

A   **B**

À toi !

Kommunikationstrainer
En situation

Nach hinten falten und auf die Rückseite kleben.

Nach hinten falten und auf die Rückseite kleben.

Du kannst deinen Kommunikationstrainer auch bunt anmalen.

Nach hinten falten und auf die Rückseite kleben.   **C**

Rückseite des Kommunikationstrainers

D

E

A

B

Hier die grauen Kanten der Vorderseite aufkleben.

Hier die grauen Kanten der Vorderseite aufkleben.

D

Hier die grauen Kanten
der Vorderseite aufkleben.

C